Psychologie der zwischenmenschlichen Beziehungen

Harry Stack Sullivan
(1892–1949)

Josef Rattner

Psychologie der zwischenmenschlichen Beziehungen

Entwicklungspsychologie

Psychopathologie

Psychotherapie

Sozialpsychologie

Bechtermünz Verlag

Die Photographie Sullivans wurde dankenswerterweise durch die Williams Alanson White-Psychiatrie-Stiftung, Washington USA zur Verfügung gestellt

Genehmigte Lizenzausgabe für
Weltbild Verlag GmbH, Augsburg 1999

Covergestaltung: Susanne Niemetz, Augsburg
Gesamtherstellung: Ebner Ulm
Printed in Germany
ISBN 3-8289-4814-6

Man wird die Tatsache erkannt haben, daß wir das Wort «Erkenne Dich selbst» in dem Sinne unterschreiben, daß wir sagen: Lerne die zwischenmenschlichen Beziehungen erkennen, in denen Du Dich befindest, und lerne die in ihnen waltenden Kräfte zu beeinflussen in Richtung auf klarere Erkenntnis und geeignete und sinnvolle Lebenseinstellung.

H. S. SULLIVAN

INHALT

Entwicklungspsychologie

Psychopathologie

Psychotherapie

Sozialpsychologie

VORWORT

Die Lehre von *H. S. Sullivan* gewinnt in den USA eine wachsende Bedeutung und wird von vielen kompetenten Beurteilern als *die* Psychiatrie unserer Zeit betrachtet. *Sullivans* Bücher, großenteils aus dem Nachlaß herausgegeben, sind zu psychiatrischen Bestsellern geworden. Man beginnt *Sullivan* in die Gruppe der großen Pioniere der Tiefenpsychologie einzureihen, die Entscheidendes zum Verständnis der menschlichen Natur ans Licht gebracht haben.

Im deutschsprachigen Bereich ist *Sullivan* noch recht wenig bekannt. Faschismus und Krieg haben hier die tiefenpsychologische Forschung lahmgelegt, und auch die Nachkriegszeit konnte der Psychologie und Psychotherapie nicht zu jener Blüte verhelfen, die sie etwa in Amerika erreicht hat. In Deutschland zum Beispiel ist man teilweise erst bei der Rezeption der orthodoxen Psychoanalyse angelangt: die Fortschritte, die durch die Neopsychoanalyse erzielt worden sind, werden noch wenig beachtet. Auch *Sullivans* Name ist vielfach mehr oder minder unbekannt.

Das vorliegende Buch gibt eine Einführung in die Psychologie von *H. S. Sullivan,* die deshalb unter den Titel «Sozialpsychologie» gebracht wurde, weil *Sullivan* nicht nur tiefgründige psychotherapeutische Einsichten formuliert hat, sondern auch Wesentliches zum Verständnis der sozialen Natur des Menschen beitrug. Seine aufsehenerregenden Erfolge in der Schizophrenentherapie wurden ihm zum Anlaß, die tiefenpsychologischen Erkenntnisse neu zu formulieren: aus dem Umgang mit schwerst-gestörten Menschen wurde *Sullivan* die Erfahrung zuteil, daß der Mensch in Gesundheit und Krankheit ein Geschöpf seiner Kultur ist, deren Kollektivkrankheit sich in der Krankheit des einzelnen spiegelt.

Sullivans Lehre kann dazu beitragen, Erziehung, Psychohygiene, Psychotherapie und Sozialpsychologie auf ein neues Fundament zu stellen und allen diesen Disziplinen neue Horizonte zu erschließen.

Das vorliegende Buch wurde teilweise im Rahmen eines Forschungsaufenthaltes an der Freien Universität Berlin (Lehrstuhl: Prof. Dr. Dr. Richard F. Behrendt) verfaßt; mein Dank gilt Prof. Behrendt und der Berliner Universität, die mir Gelegenheit zu Forschungsarbeiten boten.

Josef Rattner

EINLEITUNG

Die amerikanische Psychiatrie hat in den letzten Jahrzehnten einen bedeutenden Aufschwung genommen. Im 18. Jahrhundert war Frankreich in der psychiatrischen Wissenschaft führend gewesen: man braucht nur an die Namen *Pinel* und *Esquirol* zu denken, die zur Zeit der Französischen Revolution sich erstmals in einer humanen Weise dem Geistes- und Gemütskranken zuwendeten und ihre bahnbrechenden Reformen des Anstaltswesens durchführten. Im 19. Jahrhundert trugen deutschsprachige Psychiater Wesentliches dazu bei, aus der Psychiatrie – die lange Zeit nebulose Spekulation geblieben war – eine wissenschaftliche Disziplin zu machen. Hier denkt man in erster Linie an *Kraepelins* systematische Bestrebungen, durch die ein umfassendes Lehrgebäude für die Geisteskrankheiten entstand. *Kraepelin* umfaßte das psychiatrische Wissen seiner Epoche und schuf eine Nomenklatur, die als richtungsweisend empfunden wurde. Im Anschluß an ihn betrieb *Eugen Bleuler* seine geistvollen Forschungen, die unter anderem zu einer neuen Klarstellung der sogenannten schizophrenen Erkrankungen führten. *Bleuler* war auch der erste Anstaltsdirektor in Europa, der sich freimütig zur Psychoanalyse bekannte und ihre Fruchtbarkeit in der Therapie seelischer und geistiger Erkrankungen hervorhob. Damals bedeutete ein solches Bekenntnis einen erheblichen Wagemut, da dies noch die Ära war, in der auf psychiatrischen Kongressen die aufstrebende Tiefenpsychologie geächtet und verhöhnt wurde. *Bleuler* war geistig unabhängig genug, sich von der affektgeladenen Polemik seiner Fachkollegen fernzuhalten und den Wahrheitsgehalt der Psychoanalyse unbefangen zu untersuchen.

Aus dem Wien der Jahrhundertwende stammt *Sigmund Freuds* Lehre, die ein neues Fundament für Psychiatrie, Psychologie und viele angrenzende Wissenschaften schuf.

Freud und seine Schule waren zunächst auf Wien begrenzt: hier entstand auch als Parallelströmung, in der eine fruchtbare Antithese zu vielen psychoanalytischen Verallgemeinerungen enthalten war, die Individualpsychologie von *Alfred Adler*, die ebenfalls in der Richtung wirkte, Wien zur «Wiege der Tiefenpsychologie» zu machen. Eine weitere Strömung, um 1912 entstanden, hatte als «Komplexe oder Analytische Psychologie» ihren Sitz in Zürich: *C.G. Jung* war ihr Begründer, der sich nach mehrjähriger enger Mitarbeit mit *Freud* von der orthodoxen Psychoanalyse gelöst hatte.

Bis in die dreißiger Jahre unseres Jahrhunderts blieb Europa der Mittelpunkt der tiefenpsychologischen und großenteils auch der psychiatrischen Forschung. Wohl gelangten die neuen Lehren relativ schnell auch auf andere Kontinente, vor allem in die USA; aber sie blieben dort auf einzelne Forschungszentren konzentriert und hatten ihre Wirkungsstätten in einigen Großstädten nahe der atlantischen Küste. Die Situation änderte sich jedoch ziemlich schnell, als in Europa der Faschismus sein Haupt erhob. Als im Jahre 1933 in Deutschland *Hitler* an die Macht kam, wurde die Tiefenpsychologie stark in den Hintergrund gedrängt: Psychoanalyse und Individualpsychologie galten als artfremde Wissenschaften, indes einzig die *Jung*sche Psychologie wegen ihrer Thesen vom kollektiven Unbewußten ein Stück Geltung als «arische Ideologie» bewahren konnte. Viele Repräsentanten der Psychiatrie und Psychoanalyse waren zur Auswanderung gezwungen. Nordamerika wurde zum klassischen Emigrationsland dieser Heimatvertriebenen, die in ihre neue Heimat die geistigen Errungenschaften jenes Europas mitbrachten, das in den Sturmfluten der Barbarei zu versinken begann.

Auf allen Wissenschaftsgebieten wurde hierdurch in den USA eine machtvolle Weiterentwicklung angeregt. In der Physik hat diese Emigrationswelle ihren sichtbarsten Ausdruck im Aufschwung der Atomphysik gefunden, deren schauerliches Fanal der Bombenabwurf von Hiroshima und Nagasaki wurde. Weniger sensationell, aber in kultureller Hinsicht sicherlich bedeutsamer, war die Förderung der Sozialwissenschaften, die unter dem Einfluß der zahlreichen Einwanderer zu erstaunlicher Blüte gelangten. Die Tiefenpsychologie zum Beispiel wurde in den Vereinigten Staaten mit größerer Vorurteilsfreiheit aufgenommen als im traditionsgebundenen Europa, wo noch Jahrzehnte nach *Freuds* epochemachenden Funden eine kleinliche und teilweise ins Niederträchtige gehende Verächtlichmachung die neue psychologische Lehre vom Menschen an der Ausbreitung hinderte. In dieser Beziehung konnte man, seit dem Anfang der dreißiger Jahre, *Goethes* bittere Worte wiederholen:

«Amerika, du hast es besser
als unser Kontinent, der alte...»

Die Vertreter der Tiefenpsychologie, die nach den USA kamen, fanden freundlichere Aufnahme, als sie es nach ihren europäischen Erfahrungen sich in ihren kühnsten Träumen hätten vorstellen können. Sie hatten auf Universitäten und in Kliniken Gelegenheit, die neuen Erkenntnisse zu lehren und praktisch anzuwenden. Durch die Förderung seitens der öffentlichen Hand konnten sie große Forschungsprojekte verwirklichen, die im Laufe der Jahre zu einem großartigen Aufschwung nicht nur der Psychologie allein, sondern auch aller übrigen Sozialwissenschaften Anlaß gaben.

Ein nicht sehr mächtiger, aber in seiner Gedankenrichtung kongenialer Strom in der amerikanischen Intelligenz kam den human-wissenschaftlichen Prinzipien der Tiefenpsychologie weitgehend entgegen. Die Intellektuellen Amerikas waren zwar nur eine relativ kleine Elite: aber in dieser Elite war das europäische Geisteserbe weitgehend assimiliert und selbständig verarbeitet worden. Dabei hatte das amerikanische Denken eine Wendung zum Praktisch-Nützlichen, zu einer realistischen Lebensphilosophie genommen, die vielleicht manche Subtilitäten idealistischer Spekulation überging, dafür aber das Beziehungspaar «Mensch und Kultur» in eindringlicher und konkreter Weise zum Problem gemacht hatte. Im Rahmen dieser Entwicklung wäre etwa der philosophische Pragmatismus zu nennen: er wurde von *William James* im wesentlichen geschaffen und durch *John Dewey* in konstruktiver Weise erweitert. Parallel zu dieser pragmatischen Sicht, die alle Lebensprobleme in ihrer Verknüpfung mit dem menschlichen Handeln deutete, wurden Soziologie, kulturelle Anthropologie usw. entwickelt, wobei Konzeptionen erarbeitet wurden, die geradezu prädestiniert schienen, eine Synthese mit der Tiefenpsychologie einzugehen.

Die amerikanische Psychiatrie war um 1900 noch in einem ziemlich veralteten Zustand. Eine Schlüsselfigur zu ihrer Modernisierung war *Adolf Meyer*, ein gebürtiger Schweizer, der nach der Ausbildung in Zürich nach den USA ausgewandert war. *Meyer* war zunächst Pathologe und Neuropathologe: nach langjähriger Tätigkeit auf diesen Gebieten drängte es ihn, sich dem lebendigen Kranken zuzuwenden, wobei er in New York und später in Baltimore als Professor für Psychiatrie und Anstaltsleiter tätig war. Mit revolutionären Behandlungsmethoden erforschte und heilte er gemütskranke Patienten, deren Irritationen er aus ihrer Lebensgeschichte abzuleiten begann. Die hierbei entwickelte Lehre nannte er «Psychobiologie», wobei ihm der Mensch als seelisch integrierte biologische Einheit galt. *Meyers* Forschungsrichtung wurde später von *Sullivan* folgendermaßen charakterisiert:

«Meyer schließlich emanzipierte die Psychologie von ihrer mittelalterlichen Erbschaft. Wiewohl er selber ein erfahrener Neurologe und Neuropathologe war, verneinte er die Nützlichkeit der Beschäftigung mit Analogieschlüssen aus dem Nervenapparat in der Beurteilung der Gemütsleiden. Er zeigte auf, daß beim Menschen das Biologische dem psychischen Integrationsapparat untergeordnet ist, und daß der Mensch sich nur entwickeln konnte durch den Gebrauch von Symbolen als Werkzeugen, und daß von diesem Symbolgebrauch seine Wirklichkeitserfassung und seine Probleme im Umgang mit sich selbst und mit den Anderen erwachsen» (Conceptions, S. 9).

Meyer war kein direkter Anhänger der Tiefenpsychologie, aber seine Wirksamkeit begünstigte deren Aufnahme bei der jungen amerikanischen Psychiater-Generation. Schon vor und vor allem nach dem Ersten Weltkrieg gingen viele junge Psychiater nach Europa, um sich hier in Psychoanalyse und Psychotherapie ausbilden zu lassen. *Freud* hatte schon früh Schüler in den Vereinigten Staaten; bekanntlich wurden *Freud, Ferenczi* und *Jung* 1909 von *Stanley Hall* zur Gründungsfeier der Clark-Universität in Worcester, Mass., eingeladen, wo *Freud* ein Ehrendoktorat erhielt: eine Würdigung, die im damaligen Europa kaum denkbar erschienen wäre. Von da an gab es immer regere Kontakte zwischen den europäischen und den amerikanischen Psychoanalytikern: bedeutende psychoanalytische Autoren fuhren immer wieder zu Gastvorlesungen nach den USA, und die Gruppe der amerikanischen Analytiker, unter denen *Brill, Smith Ely Jelliffe,* später *Ernest Jones* und andere hervortraten, wurde bald zu einer starken Fraktion in der Internationalen Psychoanalytischen Vereinigung.

Einer der bedeutendsten Männer in der amerikanischen Psychoanalyse war unzweifelhaft *William Alanson White,* der seit dem Jahre 1903 Leiter des St. Elisabeth-Hospitals für Gemütskranke in Washington war. *White* war auch Psychiatrieprofessor, offenbar ein mitreißender Lehrer, der in tiefgründiger Weise die Konsequenzen aus den modernen Erkenntnissen zu ziehen wußte. *Sullivan* widmet ihm folgende Worte:

«Der Genius von W. A. White – 1870–1937 – war von erstaunlicher Größenordnung. Sein besonderer Beitrag, den ich hier unterstreichen möchte, ist seine Einsicht, daß die Psychiatrie, die nunmehr um die Seelentätigkeit des Menschen und seinen Symbolgebrauch zentriert wird, sehr zweckmäßig und nützlich ist zum Erfassen vieler komplexer Ganzheiten und Beziehungen innerhalb der (Menschen-) Welt, daß diese Wissenschaft, die eben begonnen hat, die Lebensschwierigkeiten in ihrer Faktizität zu begreifen, nicht nur eine Wissenschaft zum Verstehen der Gemütskranken war, sondern eine Wissenschaft mit großer Tragweite in allen menschlichen Belangen, welche sozusagen alle Felder menschlichen Strebens und alle menschlichen Probleme berührte; tatsächlich eine Fundamentaldisziplin für alle Gebiete, die mit dem Menschlichen zu tun haben, mit der menschlichen Lebensführung in Gesundheit oder Krankheit oder in jenen zwielichtigen Zuständen, die das Individuum als gesund, die Gesellschaft aber als krank bezeichnen mag.
In *Dr. Whites* Vision ergab sich die erste Synthese der beiden großen Strömungen der Psychiatrie – der medizinischen Disziplin, die sich mit menschlichen Krankheiten befaßt, und der anderen Disziplin mit ihren Beobachtungstechniken, Formulierungen, Hypothesen und Experimenten, die soziale Situationen und Probleme verstehen und behandeln will, die in der Geschichte des Menschen aufgetreten sind» (Conceptions, S. 10).
Was *Sullivan* hier seinem Lehrer *W. A. White* zuschreibt, ist in dessen Publikationen wohl bereits vielfach angedeutet, aber noch nicht in den Einzelheiten ausgeführt. *Whites* Auffassungen mußten noch um einen Schritt weitergeführt werden: die Psychiatrie mußte ausdrücklich zur «Wissenschaft von den menschlichen Beziehungen» werden, zu einem Forschungsgebiet, das sich nicht auf Drüsenfunktionen, Hirnstörungen, Vergiftungserscheinungen, De-

generationen im Verlauf des Altersprozesses usw. beschränken durfte, weil es die ganze Fülle zwischenmenschlicher Vorgänge in sich einzubeziehen hatte. Diesen Schritt hat *Harry Stack Sullivan* gemacht, der mit beispielloser Entschiedenheit die Psychiatrie in einer Sozialpsychologie fundiert hat, die von allem Anfang an darum bemüht war, daß ihr «nichts Menschliches fremd bleiben solle». Man verdankt *Sullivan* nicht nur großartige therapeutische Neuerungen in der Schizophrenentherapie (in der er einer der wichtigsten Pioniere wurde), sondern auch sehr aufschlußreiche neue Formulierungen, die für jegliche Sozialforschung bedeutsam ins Gewicht fallen. In mancher Hinsicht könnte man *Sullivan* den «*Heisenberg* der Sozialwissenschaften» nennen: hat er doch wie kaum ein anderer klargemacht, daß Beobachtung im menschlichen Bereich nicht durch sachliche Distanziertheit, sondern durch mitmenschliches Beteiligtsein erfolgt, und daß die Beobachtung nur in dem Maße zur Erkenntnis wird, als der Beobachter seine Beteiligung versteht, ohne sie damit kühl und nüchtern zu neutralisieren. Darüber wird in der Folge noch manches zu berichten sein.

H.S.Sullivan wurde am 21.Februar 1892 in Norwich im Staate New York – in ländlichen Verhältnissen – geboren. Aus seiner Lebensgeschichte ist relativ wenig bekannt. Er war das Kind eines armen irischen Farmers in der Gegend von New York. Einige seiner Geschwister waren in früher Kindheit gestorben. So wuchs *Sullivan* als Einzelkind auf, betreut von einer Mutter, die ihm nur wenig Liebe zu geben vermochte. Sie fühlte sich als Gattin eines armen irischen Einwanderers fehl am Platze: in ihren Träumen war sie «zu etwas Besserem geboren», wobei sie ihren Sohn im Geiste dieser Wunschträume erzog. Der Vater stand im Schatten dieser Mutter; gleichwohl hat *Sullivan* zu ihm eine intensivere Beziehung entwickelt, die auf wechselseitiger Wertschätzung beruhte. Im Elternhaus und in der Schule soll der Knabe viel allein gewesen sein. Er fand keinen Zugang zu seinen Schulkameraden: das Schicksal des Outsiders war ihm persönlich nicht fremd. Dies hat ihm wohl später ermöglicht, mit größter Einfühlung die Situation einsamer und isolierter Menschen zu verstehen.

Die Wahl des Medizinstudiums scheint wie bei *Freud* mehr zufällig ausgelöst worden zu sein. Fähigkeiten und Interesse für Physik sollen bei ihm auch ausgeprägt gewesen sein. Gegen Ende des Ersten Weltkrieges befand er sich als junger Arzt im St. Elisabeth-Hospital, wo er mit *William Alanson White* Bekanntschaft machte. Dieser hat *Sullivan* aufs nachhaltigste beeinflußt. Schon damals war sein Interesse für die Psychoanalyse erweckt worden. Es ist bezeugt, daß er im Winter 1916/17 bei einem nicht weiter bekannten Analytiker in Chicago etwa 75 Stunden Charakteranalyse absolviert hat; auch die Lektüre der *Freud*schen Werke scheint bei ihm früh eingesetzt zu haben. In seinen «*Conceptions of Modern Psychiatry*» berichtet er über den Stand seines tiefenpsychologischen Wissens aus dem Jahre 1915:

«Ich kann den Wunsch nicht unterdrücken, an diesem Punkte autobiographisch zu werden. Meine psychoanalytische Lektüre begann mit *Harts* ‹The Psychology of Insanity›, *Jungs* ‹Die Psychologie der Dementia praecox›, worauf *Freuds* ‹Drei Abhandlungen zur Sexualtheorie› folgten; darauf *Jungs* ‹Die Psychologie der unbewußten Prozesse›, *Ferenczis* ‹Beiträge zur Psychoanalyse›, *Freuds* ‹Traumdeutung› und ‹Zur Psychopathologie des Alltagslebens›. Dann kam *Kempfs* ‹Psychopathologie› mit ihren Falldarstellungen von kaum überbietbarer Bedeutung. Ich habe den Eindruck, daß meine übrige Lektüre – *Freuds* Analyse des Schreber-Falles und *Groddecks* ‹Das Buch vom Es› ausgenommen –... rein psychoanalytischer Darstellungen dem Gesetz des Vergessens verfiel» (S. 178).

Seit dem Jahre 1919 arbeitete *Sullivan* unter der Leitung von *W. A. White* im St. Elisabeth-Hospital in Washington. Dort begann er sich für die Probleme schizophrener Patienten zu interessieren, die damals noch – nach *Freuds* eigener Formulierung – als psychotherapeutisch unbeeinflußbar galten. Aber schon *White* pflegte zu sagen, daß ein Verstehen der Schizophrenie eine große Zahl psychiatrischer Probleme der Lösung entgegenführen würde. *Sullivan* beschloß, sich mit ganzer Kraft für die Schizophrenentherapie einzusetzen.

Dazu bot sich ihm eine glänzende Gelegenheit, als er um 1923 ins Sheppard and Enoch Pratt Hospital (Towson, Md.) eintrat, wo er klinische Forschung an Schizophrenen durchführen konnte. Er wurde Forschungsleiter in diesem Sanatorium, wo er eine kleine Spezialabteilung für jugendliche Schizophrene männlichen Geschlechtes einrichtete. Die Jahre von 1925 bis 1930 machten ihn berühmt, da er Behandlungserfolge erzielte, die weit über alles hinausgingen, was man sich gemäß der damals vorherrschenden pessimistischen Theorie der Geisteskrankheiten vorstellen konnte. Man spricht in der amerikanischen Fachliteratur von *Sullivans* «legendärer Arbeit im Sheppard and Enoch Pratt Hospital» und bezeichnet diese Ära als einen Meilenstein in der Entwicklung der amerikanischen Psychiatrie.

In dieser Schizophrenenabteilung gewann *Sullivan* die grundlegenden Einsichten, die seine psychotherapeutischen Auffassungen wie auch seine theoretischen Konzeptionen zutiefst veränderten. Er sah bald, daß man beim Schizophreniepatienten mit der «klassischen Analyse» nichts ausrichten konnte. Er modifizierte die Behandlungstechnik, indem er die «freie Assoziation» aufgab und mit dem Patienten Gespräche führte. Nachdem er in der Schizophrenie einen Zusammenbruch des Ichs, der höheren seelischen Funktionen erkannt hatte, war er prinzipiell von der Heilbarkeit der «schizophrenen Lebensform» überzeugt: er sah in der Krankheit einen Selbstheilungsversuch eines Menschen, der im Leben alle Kontaktmöglichkeiten verloren hatte und dementsprechend auf einer autistischen (ichbezogenen) Ebene weiterlebte. Wenn es gelang, dem Patienten seine alptraumartigen Gedanken und Gefühle zu deuten, konnte man nach *Sullivan* einen Wiederaufbau des zerstörten Ichs anbahnen, die Re-Integration der Persönlichkeit zustande bringen. Die therapeutischen Erfolge bestätigten diesen Optimismus, der in der damaligen Fachwelt als phantastisch und irreal angesehen wurde.

Sullivans Therapie war umsichtig und setzte alle Hilfsmittel ein, die in einer Heil- und Pflegeanstalt gegeben sind. Seine Krankenwärter wurden von ihm sorgfältig psychologisch geschult: ein Teil von ihnen absolvierte eine Charakteranalyse, eine Maßnahme, die selbst heute noch in Fachkreisen als «unnötig» angesehen wird, sehr zum Nachteil der psychiatrischen Patienten. Ist es doch heute nicht einmal klar, daß die Ärzte einer psychotherapeutischen Schulung bedürfen, da sie in keiner Weise darauf vorbereitet sind, die seelischen Probleme ihrer Patienten zu verstehen; ihr ganz auf der Naturwissenschaft basierendes Studium führt sie nicht zum Menschen hin, sondern lenkt sie geradezu von der Einfühlung ins Menschliche ab. *Sullivan* kommentiert diesen Übelstand folgendermaßen:

«Es kommen Ärzte zu mir, die Einblick suchen in die seelischen Probleme. Sie kommen zu mir als gut ausgebildete Ärzte und dementsprechend mit einer erworbenen Unfähigkeit irgend etwas zu begreifen, was ich ihnen sage. Auch wenn sie mit mir arbeiten würden, bis der Erzengel Gabriel (beim Jüngsten Gericht) seine Trompete erschallen läßt, werden sie nicht viel von dem erfassen, wovon ich spreche – und still vor sich hin fluchen. Sie sind bereits ‹verzogen›, sie haben den Doktortitel und sie haben ein ganzes System von Ideen, die ihren Ursprung in gewissen

Mißverständnissen über die physikalische Chemie haben – Mißverständnisse über Dinge, von denen sie nicht begreifen, inwiefern sie physikalisch-chemische Probleme enthalten –, und sind innerlich verfestigt» (Schizophrenia, S. 18).

Mit Hilfe seiner geschulten Pfleger gestaltete *Sullivan* eine homogene verständnisvolle Umwelt, in der seine Kranken wiederum das Bewußtsein ihrer Identität erlangen konnten. Im postum erschienenen Buche «*Schizophrenia as a Human Process*» sind die Abhandlungen vereinigt, die die Frucht der Jahre 1925–1930 darstellen, in denen *Sullivan* die Welt schizophrener Erkrankungen transparent machte.

Um 1930 übersiedelte *Sullivan* nach New York und eröffnete dort eine psychotherapeutische Praxis, in der er vor allem Erfahrungen in der Neurosentherapie sammeln konnte. Er blieb zunächst noch Psychiatrieprofessor an der Maryland School of Medecine (bis 1933). In jener Zeit vervollständigte er seine psychoanalytische Ausbildung durch eine Lehranalyse bei *Clara Thompson,* die eine Schülerin des ungarischen Analytikers *Sandor Ferenczi* war. *Ferenczi* hat bekanntlich in den Jahren vor seinem Tod revolutionäre Ideen über die psychoanalytische Behandlungstechnik entwickelt. Als einer der ältesten und treuesten Schüler von *Freud* konnte er sich der Einsicht nicht verschließen, daß die von *Freud* vorgeschlagene kühle und nüchterne Haltung des Therapeuten den seelischen Bedürfnissen des Neurotikers nicht genügt. Indem die Neurosen aus einem ursprünglichen Mangel an Liebe und Verstehen in der Kindheit des Patienten entspringen, sollte die Therapie nach *Ferenczi* nicht nur analytische Deutung seelischer Inhalte, sondern auch Warmherzigkeit, Wohlwollen und echte Güte vermitteln: der Patient sollte erleben, was er in seiner Jugend schmerzlich entbehren mußte, nämlich das Gefühl des wirklichen Akzeptiertwerdens. In diesem Sinne muß der Therapeut eine liebevolle Persönlichkeit sein, die nicht nur verstandesmäßig, sondern auch gefühlsmäßig auf ihre Ratsuchenden eingehen kann. – *Freud* hat – wie man weiß – diese Neuerungen scharf abgelehnt, da ihm die Rolle des «distanzierten Betrachters» für die analytische Behandlung unabdingbar schien; die Entwicklung der Psychotherapie hat jedoch *Ferenczi* recht gegeben, der ähnlich wie vor ihm schon *Alfred Adler* den emotionellen Aspekt der seelischen Genesung in ein helles Licht gerückt hat. Bei *Clara Thompson* fand *Sullivan* Bestätigung seiner Erfahrungen in der Schizophrenentherapie; aus dem Verhältnis zu dieser Analytikerin, die unter anderem auch durch ihr bedeutendes Werk «Die Psychoanalyse» (Zürich 1952) hervorgetreten ist, wurde eine Freundschaft, die bis zu *Sullivans* Tod währte.

In den dreißiger Jahren kamen, wie bereits erwähnt, viele prominente europäische Psychoanalytiker in die USA. Unter ihnen waren unter anderem auch *Erich Fromm* und *Karen Horney*, mit denen *Sullivan* Kontakt aufnahm. *Fromm* als tiefgründig philosophisch und soziologisch geschulter Analytiker begann in jener Zeit seine Kritik an der orthodoxen Psychoanalyse und schuf in der Folge seine profunden Werke, in denen er eine neue Sicht des Menschen entwickelte. Berühmt geworden sind u. a. seine Bücher über «Die Furcht vor der Freiheit», «Psychoanalyse und Ethik», «Der moderne Mensch und seine Zukunft». Darin werden Soziologie und Tiefenpsychologie zu einer glanzvollen Synthese vereinigt, die viele Engen und Einseitigkeiten der frühen *Freud*schen Lehren weit hinter sich läßt. – Auch *Horney* setzte mit einer Neuformulierung der psychoanalytischen Doktrinen ein («Neue Wege in der Psychoanalyse»), publizierte hernach eine ganze Reihe von sehr aufschlußreichen Büchern, welche die Grundprobleme der seelischen Gesundheit und Krankheit gemäß einer Theorie der zwischenmenschlichen Beziehungen und Wechselwirkungen abhandelten: ebenfalls eine Tendenz, die *Sullivans* Bestrebungen aufs schönste entgegenkam. Durch den Gedanken austausch und die Zusammenarbeit mit den europäischen Analytikern konnte *Sullivan* um 1936 zur Gründung der Washington School of Psychiatry schreiten, die zum Sammelbecken fortschrittlicher tiefenpsychologischer Gesichtspunkte in Theorie und Praxis wurde. Ein Großteil der postum herausgegebenen Werke *Sullivans* besteht aus Vorlesungen, die er an der Washington School gehalten hat.

Auch amerikanische Forscher waren damals wesentlich an der Ausweitung der Psychoanalyse zu einer umfassenden Kulturpsychologie beteiligt. In unmittelbarer Nähe zu *Sullivans* Forschungsarbeit liegen die Beiträge von *Edward Sapir, Ruth Benedict* und *Margaret Mead*. Der erstere war ein Linguist, der eine Zeitlang an der Universität Chicago gelehrt hat. *Sapir* war jedoch nicht nur Sprachforscher: er interessierte sich für die kulturelle Anthropologie, für deren Fundament seines Erachtens lediglich die Tiefenpsychologie in Frage kam. Auch *Ruth Benedict,* die durch ihre ethnologischen Arbeiten bekannt geworden ist («Urformen der Kultur») ist tiefenpsychologisch geschult und hat wohl nur durch diese Schulung ihre tiefgründigen Studien in der vergleichenden Kulturforschung zustande bringen können. *Margaret Mead* schließlich hat in feinsinnigen Untersuchungen («Coming on Age in Samoa», «Mann und Weib», «And keep your powder dry» usw.) die kulturelle Bedingtheit der Charakterbildung trefflich herausgearbeitet, womit sie wichtige Zusammenhänge zwischen Individuum und umgebender Kultur (Gesellschaftsform) hat erkennen lassen. Im Grunde folgten alle diese Forscher dem Vorbild von *Bronislaw Malinowski,* dessen Feldforschungen bei den Trobriand-Insulanern auch *Sullivan* gekannt und sehr geschätzt hat.

Unter *Sullivans* Ägide wurde die *William Alanson White Psychiatric Foundation* gegründet, die finanzielle Mittel bereitstellte, mit denen *Sullivan* seinen alten Traum der

Herausgabe einer psychiatrischen Zeitschrift verwirklichen konnte. So wurde denn um 1938 die «*Psychiatry*» herausgegeben, die den charakteristischen Untertitel «Zeitschrift für die Biologie und Pathologie der zwischenmenschlichen Beziehungen» trug. *Sullivan, Th.H.Gill* und *E.E.Hadley* zeichneten als Redaktoren, wobei als Wegleitung im ersten Heft geschrieben wurde:

«Die *W.A.White-Psychiatrie-Stiftung* sucht die neuen Erkenntnisse in der Psychiatrie zu vermitteln und will das Studium der zwischenmenschlichen Beziehungen einem weiten Publikum zugänglich machen, welches wertvolle Beiträge zur psychiatrischen Beobachtung leisten kann. Die Zeitschrift richtet sich nicht nur an Psychiater und psychiatrische Forscher im engeren Sinne, sondern an all jene, die ernsthaft das menschliche Leben in all seinen Aspekten studieren, des weiteren an alle, die dringende soziale Notstände zu heilen und zu bessern versuchen.»

Die Zeitschrift, die *Sullivan* bis zu seinem Tode redigiert hat, ist inzwischen in ihr viertes Jahrzehnt eingetreten und hat ein wachsendes Ansehen gewonnen: sie trägt heute den Untertitel «Zeitschrift für das Studium zwischenmenschlicher Prozesse» und ist Organ einer modern-gesinnten Psychologen- und Psychiater-Generation, deren Denken sichtlich von *Sullivan* zutiefst beeinflußt ist.

1939 hielt *Sullivan* an der Washington School for Medicine Vorlesungen über «Conceptions of Modern Psychiatry», die dann hernach in seiner Zeitschrift veröffentlicht wurden. Diese Vorlesungen enthielten die erste Formulierung seines Gedankengebäudes und wurden ein durchschlagender Erfolg. Sie wurden geradezu ein psychiatrischer Bestseller und haben bis zum heutigen Tag mehrere Auflagen erlebt. Es ist hier nicht der Ort, den Inhalt dieser «Conceptions» zu referieren, da dies in der Folge noch ausführlich genug geschehen wird; aber immerhin ist zu sagen, daß die «Conceptions» mit wunderbarer Genauigkeit *Sullivans* Menschenbild entwerfen und im Detail ausführen. – In der heute vorliegenden Buchform ist dem Werk ein Essay von *Patrick Mullahy* beigefügt, der als Freund und Schüler von *Sullivan* die Bedeutung seiner Theorie in einer erhellenden Weise würdigt.

In seiner rastlosen Tätigkeit als Forscher, Therapeut und Lehrer kam *Sullivan* nicht mehr dazu, weitere Werke zu publizieren: all seine übrigen Bücher wurden aus seinem Nachlaß veröffentlicht. Das wichtigste davon ist wohl «*The Interpersonal Theory of Psychiatry*». Dieses entstand aus Vorlesungen, die er an der Washington School und am W.A. White-Institut für Psychiatrie, Psychoanalyse und Pädagogik (New York) mehrfach gehalten hat. Das 1953 herausgegebene Werk ist eine Summe von *Sullivans* Forschungsresultaten, ein kühnes Lehrbuch, dem man in der heutigen psychiatrischen Literatur kaum ein Pendant gegenüber stellen kann. Auf den Inhalt dieses Buches wird weiter unten noch in allen Einzelheiten einzugehen sein.

1939 brach der Zweite Weltkrieg aus, in den die Vereinigten Staaten 1941 einbezogen wurden. *Sullivan* war in psychiatrischen Heereskommissionen tätig, kam aber bald in Gegensatz zu den rein militärisch denkenden Offizieren, die sich über «psychiatrische Umständlichkeiten» glaubten hinwegsetzen zu können. Aus dieser Periode gibt es einige Abhandlungen, in denen sich *Sullivan* mit militärpsychologischen Fragen befaßt: man erkennt hier Grenzen seines kulturpsychologischen Wissens, indem er – anders als *Fromm, Horney, Benedict* usw. – kaum in der Lage ist, über die gegenwärtige Gesellschaftsform hinauszudenken.

Aber schon mitten in der Kriegszeit beschäftigte er sich mit dem Wiederaufbau nach dem Kriege und suchte die psychologischen Bedingungen zu formulieren, unter denen eine Gesellschaft im Frieden leben kann. So publizierte er Abhandlungen über das Vorurteil, sei es gegen die Neger, die Juden usw., und ergänzte so die tiefgründigen Feststellungen, die *Horkheimer*, *Adorno*, *Allport* und andere auf diesem Gebiet gemacht haben.

Im Jahre 1947 wurde die Weltgesundheits-Organisation gegründet, an der *Sullivan* lebhaftesten Anteil nahm. Im Rahmen dieser Organisation wollte er vor allem den seelischen Gesundheitsschutz in den Vordergrund stellen und rief in seiner Zeitschrift die Psychiater und Psychologen auf, an der Prophylaxe seelischer Erkrankungen mitzuwirken. In einem Leitartikel der «*Psychiatry*» schreibt er:

«Es ist klar, daß die Weltgesundheits-Organisation Programme benötigt, die die gesunde seelische und soziale Entwicklung der Kinder sichern.

Es ist ebenso klar, daß Psychiater und Psychologen diese Aufgabe übernehmen müssen. Sie müssen zusammenarbeiten und ihre Empfehlungen derart aufeinander abstimmen, daß die WHO sie nicht außer acht lassen kann... Die Psychiater und Psychologen, die so viele Neurotiker beobachten konnten, werden sich darüber einigen müssen, welches die häufigsten destruktiven und einschränkenden Faktoren in der frühen Lebensgeschichte ihrer Patienten, und welches die konstruktiven Bedingungen sind, die man bei Menschen vorfindet, die seelisch reif und gesund werden... In welchem Alter etwa sollte man Kinder mit bestimmten Gegenständen vertraut machen, Sexualität, Religion usw.? Sollen sie ihre Eltern nackt sehen, beide Eltern oder nur den gleichgeschlechtlichen Elternteil? Sollen sie nur die lokalen Sitten und Gebräuche kennenlernen oder die Sitten und Gebräuche in der ganzen Welt? Soll man andere Lebensweisen als gleichwertig oder minderwertig hinstellen? Welches sind die emotionellen Bedürfnisse der Kinder in den verschiedenen Lebensaltern und wie können diese befriedigt werden? Welches Verhalten der Umgebung der Kinder führt zu Vorurteilen, Intoleranz, Haß, Unfähigkeit zum Kompromiß oder Unfähigkeit zu harmonischem Zusammenleben mit andersartigen Leuten?

Welche Haltungen bei Eltern und Lehrern führen zur Entwicklung von verantwortlichen, toleranten, reifen Menschen, die in Zukunft in der Lage sein werden, einen Krieg zu verhindern?» («The World Health Organization», «*Psychiatry*», 1947, 10: 99–103, p. 102f.).
1948 nahm *Sullivan* am Internationalen Kongreß für seelische Hygiene in London teil. Weitere Konferenzen folgten, in denen er eine aktive Rolle spielte. Vielleicht die bedeutsamste war diejenige, die dem «UNESCO Tensions Project» gewidmet war: diese in Paris abgehaltene Tagung vereinigte Soziologen, Psychologen und Sozialwissenschaftler, die dem Ursprung gesellschaftlicher und internationaler Spannungen wissenschaftlich beizukommen versuchten. Die Ergebnisse dieser Konferenz wurden in dem Buche «*Tensions that Cause Wars*» von *Hadley Cantril* veröffentlicht. *Sullivans* Beitrag unter dem Titel «Tensions Interpersonal and International: A Psychiatrist's View» geht von seinen psychiatrischen und psychotherapeutischen Erkenntnissen aus und weitet diese aus zu einer «Psychiatrie der Völker», die allerdings erst rohe Ansätze zu einer tatsächlichen Erfassung gesellschaftlicher Gegebenheiten zeigt. *Sullivan* war damals auf dem Wege zu einer umfassenden Kulturpsychologie; der Tod, der ihn am 14. Januar 1949 in Paris in Form einer Apoplexie ereilte, hat die Ausarbeitung seiner fruchtbringenden und hoffnungsvollen Thesen zur Friedenssicherung und Gesellschaftsentwicklung verhindert. So ist sein immerhin gigantisches Werk ein Torso geblieben, allerdings ein Fragment, das in der psychiatrischen Gegenwartsliteratur einzigartig dasteht, das wertvolle Keime für die Entfaltung einer Psychiatrie und Tiefenpsychologie in sich birgt, welche am Aufbau einer Welt des Friedens und der Freiheit entscheidende Mithilfe leisten können.

Das vorliegende Buch will nicht die Lektüre von *Sullivans* Werken ersetzen, sondern lediglich zu ihnen hinführen. Dies erscheint uns besonders notwendig, weil *Sullivan* noch nicht ins Deutsche übersetzt worden ist: ein Manko, das möglichst bald ausgeglichen werden sollte. Sinngemäß gliedert sich unsere Darstellung in die Abschnitte «Entwicklungspsychologie», «Psychopathologie», «Psychotherapie», «Sozialpsychologie»: bei dem umfangreichen Material, das zu verarbeiten war, ließen sich gelegentliche Wiederholungen und Überschneidungen nicht ganz vermeiden. Um *Sullivans* Lehre in größtmöglicher Klarheit erscheinen zu lassen, sind alle wichtigen Begriffe und Aspekte in kleinen Einzelabschnitten dargelegt worden: dem Leser wird somit auch eine Art Nachschlagewerk zur Verfügung gestellt, in welchem er in lexikalischer Prägnanz Information über *Sullivans* Gesamtwerk vorfindet.

ENTWICKLUNGSPSYCHOLOGIE

Das Entwicklungsprinzip

Sullivan bemühte sich um den Aufbau einer wissenschaftlichen Psychiatrie, die nicht nur beschreiben, sondern auch verstehen und erklären will. Mit scharfem Spott wendet er sich gegen die herkömmlichen psychiatrischen Lehrmethoden, die im wesentlichen nichts Anderes anstrebten, als Gemütskrankheiten geschickt «etikettieren» zu können. Die Bezeichnung der Krankheit war wichtiger als die Erkenntnis ihres Ursprungs. Eine solche wurde gar nicht gesucht, da man seelisch-geistige Irritationen fatalistisch als «anlagebedingt» hinnahm.

In der Psychiatrie geht es immer um ein Verstehen des Menschen. Dieser soll nicht nur als selbstgenügsames Individuum erkannt werden, sondern als eine Variation der uns allen gemeinsamen «Menschlichkeit». *Sullivan* war zutiefst von der Überzeugung durchdrungen, daß jedermann – auch der pathologischste Mensch – immer noch mehr «menschlich» als irgendetwas Anderes sei. In der Krankheit spiegelt sich unser aller Sein. Wir haben keinen Grund, den Seelisch-Kranken geringzuschätzen, denn es sind nur Nuancen, die den «Gesunden» vom psychiatrischen Patienten unterscheiden.

Das Entwicklungsprinzip ist der Leitfaden einer so konzipierten Psychiatrie. Die grundlegende Frage lautet: Wie wird das Menschenjunge im Verlaufe seiner Entwicklung zu einer Person, respektive zu einer Persönlichkeit? Wie paßt es sich an das Leben in einer sozialen Organisation an?

Der Mensch wird offensichtlich als ein «Tier» geboren. Kurz nach der Geburt beginnt der Prozess – wir nennen ihn Pflege und Erziehung –, der dieses Tier in einen Menschen verwandeln soll. Mehr als zwanzig Jahre werden zur «Menschwerdung des Menschen» benötigt: im Grunde handelt es sich um eine Lebensaufgabe. Aber charakteristisch ist, daß der Mensch in seiner Jugend hilfloser und abhängiger von seiner Umgebung ist als irgendein Lebewesen; er reift nur sehr langsam und muß Stufen der Entwicklung hinter sich bringen, die ihn immer vor neue Anforderungen stellen.

Die Natur gibt dem Menschen keine Instinkte mit: alle seine Verhaltensmuster müssen nachgeburtlich aufgebaut werden. Die Instinktfreiheit macht den Menschen in unvorstellbarem Maße erziehbar. In ähnliche Richtung wirkt auch ein hochentwickelter Integrationsapparat (Nervensystem), der alle Sinnesorgane mitsamt der Motorik koordinieren kann.

Die biologische Grundlage des Menschen ist weitgehend uniform: sie hat sich mutmaßlich seit 200000 Jahren nicht verändert. Aber die Kultur kann aus demselben biologischen Material eine ungeheure Vielfalt von Lebenserscheinungen schaffen. Diese Art von Formung ist für den Menschen entscheidender als alles, was in ihm biologisch vorgezeichnet ist. Die Verschiedenheiten der Menschen sind nach *Sullivan* kulturell begründet. Sprache, Sitten und Gebräuche sind die modellierenden Kräfte im Menschenleben. Die Kultur, in der einer aufwächst, bestimmt die Möglichkeiten und Unmöglichkeiten seines Daseins. Von ihr hängen alle Erfahrungen ab, die ein Individuum von der Geburt bis zum Tode machen kann.

Diese Auffassung der sogenannten «kulturellen Schule» findet in *Sullivan* einen ihrer nachdrücklichsten Verfechter. Die Einsicht in die kulturelle Bedingtheit des Menschen ist auch ein Schlüssel zur modernen Psychopathologie.

Das Entwicklungsprinzip teilt die Entwicklung des Menschen in bestimmte Stufen auf, die zeitlich aufeinanderfolgen und in denen der Aufbau der Persönlichkeit erfolgt: die Art, wie diese Etappen absolviert werden, entscheidet über die spätere seelische Gesundheit oder Krankheit.

Hier nur in knapper Andeutung, welche Phasen *Sullivans* Lehre unterscheidet:
Die *Frühkindheit* reicht von der Geburt bis zum Auftreten des aufrechten Ganges und der artikulierten Sprache (1. Lebensjahr); die *Kindheit* setzt hier an und erstreckt sich bis zum Schuleintritt. Hierauf folgt das *Knaben- (Mädchen-) Alter,* in dem das Bedürfnis nach Spielkameraden in den Vordergrund rückt (7.–11. Jahr); es wird durch die *Vorpubertät* (11.–13. Jahr) abgelöst, in der das Bedürfnis nach einer intimen Beziehung zu einem gleichgeschlechtlichen Freund erwacht. Hier gibt es bereits Gefühle der Liebe, indem der Freund dem Freunde so wesentlich ist wie sich selbst. Die Vorpubertäts-Kameradschaft übt erstmals im Leben das Liebenkönnen ein, die Wir-Beziehung zwischen zwei Menschen.
In der *Pubertät* (13.–18. Jahr) kommt dem Sexualtrieb wachsende Bedeutung zu. Das Interesse für das andere Geschlecht verdrängt die gleichgeschlechtlichen Freundschaften; es stellt sich die Aufgabe, sexuelle Strebungen und das Bedürfnis nach menschlicher Intimität *einem* Partner des anderen Geschlechts zuzuwenden, die sexuelle Anpassung an die Norm zu vollziehen. Das frühe *Erwachsenenalter* (Prädoleszenz, 18.–20. Jahr) kennt bereits solche stabile Liebesbeziehungen; das späte *Erwachsenenalter* (Adoleszenz, vom 20. Jahr aufwärts) soll noch menschliche Reife, Verantwortungsbewußtsein, Weltoffenheit beifügen.

Möglichkeiten der Erfahrung

Nach *Sullivan* ist Erfahrung die innere Spiegelung der Ereignisse, an denen der Organismus teilhat. Selbstverständlich ist der Gegenstand der Erfahrung nicht mit dem identisch, was in der Empfindung erlebt wird. Diese ist bekanntlich nur im Idealfall «realitätsgerecht». Empfinden und Erkennen enthalten immer «subjektive» Elemente. Sie versuchen sich der Realität anzunähern, erreichen sie aber zumeist nicht oder nur teilweise. Auch im Verlaufe der seelischen Entwicklung muß die Wahrnehmungs- und Erkenntnisfähigkeit reifen. Sie durchläuft relativ primitive Phasen, in denen die «Auffassung» nur einen Schimmer dessen einfängt, was wirklich geschieht oder vorliegt. Bei normaler psychischer Entwicklung kann eventuell ein Stadium erreicht werden, wo das Individuum ziemlich objektiv seine Situation erleben und sie auch sprachlich angemessen formulieren kann. Man kann diesen Stand der Dinge auch dahingehend bezeichnen, daß aus unbewußter Empfindung Bewußtheit im Denken und Handeln resultieren soll.

Für *Sullivan* gibt es drei Arten der Wahrnehmung (somit auch der Entfaltung des Bewußtseins): die prototaxische, die parataxische und die syntaxische. Diese treten in der kindlichen Entwicklung «nacheinander» auf; sie sind aber während des ganzen Lebens allesamt an den Erlebnismöglichkeiten beteiligt. Es findet hierbei ein Überformungsprozeß statt; das prototaxische Erleben wird überlagert durch das parataxische, welches selber wieder ins syntaxische aufgenommen wird. Der ganzheitliche Erlebnisakt enthält alle drei Bestandteile in unauflöslicher Kombination.

Die Prototaxis muß im frühen Säuglingsalter beobachtet werden. Der Säugling hat – zunächst – noch keine zusammenhängenden Erlebnisse, sondern Momentanzustände seines Organismus, die kein «vorher» und kein «nachher» kennen (Gedächtnis existiert noch nicht). Wie er nun seine Umwelt empfindet, können wir zwar nicht bei ihm erfragen, aber wir können es durch Beobachtung und deren Auswertung erschließen.

Prototaxis ist zu vergleichen mit dem zutiefst im Organischen verankerten Bestreben von Pflanzen, in ihrem Wachs-

tum sich nach Licht, Wärme usw. auszurichten. Auch die primitivsten Tiere unterscheiden «rein zuständlich», wo ihnen die Umwelt freundlich oder feindlich zu sein scheint. Eine Amöbe (Urtierchen) in einem Wassertropfen wird sorgsam bestimmte Salz- oder Zuckerkonzentrationen meiden oder aufsuchen. Elektrische oder chemische Reize werden durch sinngemäße Reaktionen beantwortet. In einem ähnlichen Sinne nimmt der Säugling «vegetativ» seine Umgebung wahr und «empfindet» sie, wenn dies auch äußerst vage und unbestimmt sein mag. Auch der spätere Erwachsene verliert dieses «stimmungsmäßige Erkennen» nicht: es wird nur durch bewußte Gedankenprozesse verändert, teilweise verfälscht. Aber die Art, wie man mit «Sympathie» und «Antipathie» auf Mitmenschen reagiert, hat noch viel vom Prototaxischen, das in der Kindheit ausschließlicher Weltbezug des Säuglings (in den ersten Lebensmonaten) war.
Von Parataxis wird gesprochen, sobald das Kind den Erlebnissen «Bedeutungen» zulegt, die rein «subjektiv» sind. Hier walten unumschränkt zufällige Assoziationen, die völlig Unzusammengehöriges in Zusammenhang bringen können. Die Syntaxis jedoch ist die Stufe des «common sense», des gesunden Menschenverstandes, der in Sprache und allgemeiner Vernunft beheimatet ist.

Das Verhältnis Mensch–Umwelt

Wie alle anderen Lebewesen lebt auch der Mensch in einer spezifischen Umwelt. Diese hat nicht so sehr materiellen als sozialen Charakter. Nicht das physikalisch-chemische «Milieu» ist für den Menschen wesentlich (wenngleich es unentbehrlich ist): auf allen höheren Stufen der Entwicklung ist das Lebewesen in seine gemeinschaftliche Umge-

bung eingebettet. Die Gemeinschaft ist das tragende Fundament der menschlichen Existenz. Sie bedeutet für den Menschen gleich viel wie der Sauerstoff für die luftatmenden Tiere, wie das Wasser für die an es angepaßten Wesen.
Leben ist ein Austauschprozeß, der sich zwischen Lebewesen und Umwelt vollzieht und dessen Ende der Tod ist. Soziale Austauschprozesse sind für den Menschen gleich bedeutsam wie Atmung und Ernährung. Bei diesbezüglichem Mangel kann es zu Ausfallserscheinungen kommen, die ihre Parallelen im Ersticken, Verdursten, Verhungern usw. haben. Ungestillter «sozialer Hunger» kann ebensosehr zu Krankheit und Tod führen wie materielle Unterernährung.
Sullivan führt die Begriffe der «funktionellen Aktivität» und der «Organisation» ein. Das Lebensgeschehen ist funktionelle Aktivität: in ihm setzt sich der Organismus mit seiner Umwelt auseinander. Dabei werden vitale Antriebe in mehr oder minder zielstrebigen Handlungen «ausgelebt». Durch das Handeln «entlastet» sich der Organismus, erreicht damit zugleich auch die Einfügung in sein Milieu. Diese ist immer «gestaltetes Leben» im Sinne einer erzielten Übereinstimmung von innerer Struktur und äußeren Bedingungen. Ohne die «organisierende» Kraft ist ein sinnvoller Lebensablauf nicht denkbar, auf der Stufe des Einzellers ebensowenig wie auf der Stufe menschlichen Seins.
Die Kultur ist die Umwelt des Menschen, auf die hin seine Anpassungsbestrebungen gerichtet sind. Die soziale Natur des Menschen bewirkt, daß sein Leben ständig eine Wechselwirkung mit anderen Menschen beinhaltet. Das Wechselspiel von Mensch und Mitmensch ist das menschliche Leben selber. Alles, was der Mensch tut oder erleidet, hat einen sozialen Sinn. Es gibt keine außer-sozialen Situationen, selbst wenn dies auf den ersten Blick hin als möglich erscheint: genauere Betrachtung jedoch lehrt, daß alle menschlichen Lebensvorgänge – von der Geburt bis zum

Tod – von der gemeinschaftlichen Existenz «gefärbt» sind. Auch Krankwerden zum Beispiel ist, wie die Psychosomatik lehrt, nicht selten eine Handlung, eine soziale Stellungnahme, bedingt durch die Situation, in der ein Mensch mit seinen Mitmenschen lebt.
Sullivan ist auch der Überzeugung, daß «jeder Mensch viel mehr ‹einfach menschlich› ist als etwas Anderes» – das heißt, die Menschen stehen vor ungefähr gleichartigen Problemen, haben dieselben Nöte und Sorgen und reagieren auf sie mit denselben Irrtümern und Fehlhaltungen. Dies gilt für alle Zeiten und Zonen, für den ganzen Typus Mensch, der uns aus Geschichte und Überlieferung bekannt ist. Man hat die Unterschiede zwischen den Menschen in der Vergangenheit allzusehr übertrieben; noch heute neigt man dazu, zwischen Rassen, Völkern, Volksgruppen, Individuen usw. Differenzen zu sehen, die mehr eingebildet als real sind. Für *Sullivan* hat die Sozialpsychologie die Aufgabe, dieses Gemeinsame an allen Menschen herauszuarbeiten: aus dem Verständnis des Allgemeinmenschlichen gewinnt sie Einblick in Deformationen und Defekte des menschlichen Verhaltens. Aber auch in diesen Zerrformen des Menschlichen erkennt sie die menschliche Natur, die uns allen gemeinsam ist.

Euphorie und Spannung

Die Beobachtung lehrt uns, daß das seelische Erleben zwischen den beiden Polen Euphorie und Spannung schwankt. Euphorie bezeichnet das Wohlbefinden des Organismus, sein Behagen unter den gegebenen Bedingungen. Entsprechende Ausdrücke wären: Glück, Freude, Heiterkeit, Ruhe, Lebenslust. Für das Kleinkind, welches gesättigt in den Schlaf sinkt, darf eine euphorische Gemütsverfassung angenommen werden. Im späteren Leben gibt es Euphorie im sexuellen Orgasmus, im schöpferischen Denken und Handeln, im beglückenden Umgang mit Mitmenschen, im beseligenden Gefühl der Liebe. Euphorie bedeutet immer auch Spannungsfreiheit.

Spannung ist ihr diametraler Gegensatz, allgemein als unlustvoller, schwer erträglicher Zustand empfunden. Beispiele hierfür sind mühelos anzugeben: Hunger, Durst, sexuelle Not, Angst, Schmerz, Einsamkeit, Gewissensqual usw. Für das Kleinkind sind Entbehrung (irgendwelcher Art) und Angst die wichtigsten Spannungsquellen. In ihnen wird der reibungslose Ablauf seelischer Vorgänge empfindlich gestört.

Absolute Spannung und absolute Euphorie existieren nur theoretisch. Es sind Grenzwerte, denen sich das Lebensgeschehen annähert, ohne sie je zu erreichen. Das wirkliche Erleben ist immer eine Mischung euphorischer und unlustbetonter Gefühlskomponenten. *Sullivan* ist der Meinung, daß hierbei jeweils Euphorie und Spannung zueinander indirekt proportional sind: je größer die eine, um so geringer die andere. Eine solche mathematische Beziehung kann naturgemäß im Seelischen nicht nachgeprüft werden; sie gibt nur den Eindruck wieder, den die Selbst- und die Fremd-Erfahrung zu bestätigen scheint.

Spannung und Energieumwandlungen sind allerdings an jedem Erlebnis mitbeteiligt. Nur aus dem Zustande der Gespanntheit heraus sind Handlungen möglich. Wäre der Mensch immer spannungsfrei, so würde der Antrieb zur Umweltsveränderung dahinfallen. Er wäre sozusagen «wunschlos glücklich». Nichts würde ihn dazu veranlassen, sich produktiv mit seiner Umgebung auseinanderzusetzen.

Spannungsabfuhr oder Handlung kann bewußt oder unbewußt erfolgen. Das Bewußtsein ist keine notwendige Voraussetzung für das Handeln. Die Tiefenpsychologie hat weite Bereiche des seelischen Lebens und Erlebens aufgedeckt, in denen unbewußtes Verhalten stattfindet. Träume, Fehlhandlungen, nervöse Symptome, Wahnbildungen usw. sind Handlungen (Energieumsetzungen), deren Ursprung sich im Unbewußten verliert. Jedenfalls ist sich der von ihnen Betroffene in keiner Weise klar darüber, welches Ziel er mit seinem Verhalten anstrebt.

Alle Bedürfnisse des Kleinkindes, die Spannungen in ihm hervorrufen, sind zunächst biologischer Art. Dennoch kommt sofort ein menschlicher Faktor hinzu, indem Bedürfnisbefriedigung beim Kinde immer durch eine «bemutternde Person» (sei es die leibliche Mutter oder ihr Ersatz) zustande kommt. Ohne diesen mütterlichen Schutz und ohne pflegerische Betreuung ist der Mensch nicht lebensfähig.

Nahrung, Wärme, Reinlichkeit usw. müssen dem Kleinkind durch die Mutter gesichert werden. Ihre Geschicklichkeit, ihre Einfühlungsgabe und ihre Zärtlichkeit bestimmen den Grad der kindlichen Euphorie, respektive den Spannungszustand, den das Kind mehr oder minder häufig erleidet. Die früheste Lebenserfahrung hat bereits erzieherische Bedeutung. Sie gibt dem Seelenleben seine erste und anfängliche Prägung, seine emotionelle Grundsituation.

Symbiose von Mutter und Kind

Auf der frühesten Erlebnisstufe werden Bedürfnisse und Befriedigungen nur diffus empfunden. Immerhin spürt auch das Kleinstkind die Verringerung seiner Euphorie und das Anwachsen von Spannung, wenn es auch keine Ahnung hat, was in ihm und um es herum vorgeht. Handlungen der Pflege und Betreuung schaffen ihm spürbare Erleichterung, durch die es euphorisch gestimmt wird. Bald merkt es Zusammenhänge zwischen Umweltvorgängen (Herannahen der Mutter) und späterer Euphorie. Dies wird nicht nur passiv registriert, sondern durch eigene Betätigung (Schreien, Strampeln) mitbewirkt. Das Kind beginnt zu fühlen, daß man durch eigene Handlungen vom Unlustzustand zum wachsenden Gleichgewichtszustand übergehen kann. Im Maße, als es Erfolg in seinen Bestrebungen hat, wird es später an seinen «Lebenserfolg» überhaupt glauben; auch alles sinnvolle Handeln des Erwachsenen sei – so meint *Sullivan* – von der Vorwegnahme der Spannungsherabsetzung (Freude, Glück) inspiriert und in diesem Sinne zukunftsgerichtet.

Der mütterliche Beistand muß dem Kinde fast alle Lebensverrichtungen abnehmen. Kein Wesen ist so lange Zeit nach der Geburt so hilflos wie das Menschenkind. Zielgerichtete Handlungen muß die Mutter für das Kind ausführen: sie muß sozusagen zunächst sein «Ich» sein, bis das kindliche Ich selber zum Leben erwacht. Die Beziehung zwischen Mutter und Kind kann «symbiotisch» genannt werden: es handelt sich um eine Lebensgemeinschaft zum Nutzen beider Beteiligten. Diese ist von einer solchen Eintracht, daß die «Spannungsäußerungen im Kind auch Spannungen in der mütterlichen Person erzeugen, welche als Zärtlichkeit und Bedürfnis, dem Kinde Befriedigungen zu verschaffen, erfahren werden». Das gewöhnliche Mittel, mit dem das Kind der Mutter seine Nöte mitteilt, ist das Schreien. Dieses hat seinen Sinn erfüllt, wenn es die Mutter zu zärtlichen Handlungen veranlaßt, das heißt zu einem Verhalten anregt, wodurch Erleichterungen für das Kind zustande kommen. Bald geht es aber nicht nur um die gefühlte Erleichterung: es entsteht im Kinde ein spezifisches Bedürfnis nach Kontakt, welches als *Verlangen nach Zärtlichkeit* bezeichnet werden kann. Sozialer Hunger, wie man es bildlich nennen kann, ist für den Menschen besonders charakteristisch, da sein Umweltsaustausch in erster Linie ein mensch-

licher und kultureller ist. Der Wunsch nach Zärtlichkeit, respektive intimem mitmenschlichem Kontakt ist ein Grundbestandteil der menschlichen Natur.
Die Erfüllung dieser Kontaktbedürfnisse ist für den Menschen ebenso wesentlich wie die Stillung des Hungers, Durstes, wie der Schlaf und andere lebenswichtige biologische Funktionen. Die ganze «Menschwerdung» hängt hiervon ab. Im ersten Lebensjahr ist sichtlich Gedeih und Verderb des Kindes vom Maße der empfangenen Liebe und mütterlichen Zuwendung bestimmt. «Hospitalismus» – das heißt Abwesenheit der Mutter und rein technische Pflege des Kindes in Heimen oder Spitälern – führt nicht selten zu physischem wie psychischem Verfall mit entsprechenden Entwicklungsrückständen, häufig auch zu Krankheit und Tod. Ein Manko an Zärtlichkeit scheint den Kindern nicht genügend Anreiz zu bieten, sich in dieses Leben hinein zu entfalten. Alle späteren psychischen Erkrankungen zeigen die Spuren einer schlechten Mutter-Kind-Symbiose. Die Mutter steht am Anfang des kindlichen Lebens und gibt diesem die entscheidenden Entwicklungsimpulse.

Angst und Sicherheit

Die wichtigste Art von Unlust und Spannung, die wir kennen, ist die *Angst*. Auch sie ist kein biologischer, sondern ein zwischenmenschlicher Vorgang. Natürlich zeigen Kleinkinder auch rein biologische Angstreaktionen. Wird zum Beispiel dem liegenden Kind die Unterlage entzogen (so daß es zu fallen scheint), so macht sich ein ängstlicher Erregungssturm bemerkbar; auch laute Töne können ähnliche Reaktionen hervorrufen. Gleichwohl ist die Hauptquelle der Angst – im Leben des Kindes wie des Erwachsenen – in den zwischenmenschlichen Beziehungen zu

suchen. Dies ist schon für die allererste Frühkindheit gültig.
Nach *Sullivan* sind Mutter und Kind durch eine gewisse «Einsfühlung» (die er Empathie nennt) verbunden. Emotionen in der Mutter strahlen auf das Kind aus, ohne daß man genau sagen könnte, wie dies geschieht. An der Tatsache selbst jedoch ist nicht zu zweifeln. Es besteht ein gefühlsmäßiges Band zwischen Mutter und Kind, wie wenn im Psychischen «die Nabelschnur» noch erhalten geblieben wäre. Dem geschulten Beobachter wird unabweislich klar, daß Mutter und Kind sich ständig in ihren Stimmungen beeinflussen.
Alle biologischen Bedürfnisse pendeln zwischen den Zuständen der Spannung (Not) und der Befriedigung. Der Gegensatz der Angst jedoch ist die *Sicherheit.* Indes Angst aus gestörten menschlichen Beziehungen erwächst, bedeutet Sicherheit ein Gefühl des Eins- und Einigseins mit der mitmenschlichen Umgebung. Von früher Kindheit an strebt der Mensch diesem Zustand zu. Angstvermeidung und Sicherheitserwerb wird zum Grundmotiv des Lebens. Aber auf diesem Gebiete fehlt die Zielsicherheit, die sich relativ bald für das Überwinden *biologischer* Spannungen einstellt: diese sind dem von ihnen Betroffenen recht klar bewußt und führen zu angepaßten, sinnvollen Handlungen. Bei der Angst ist es anders: die von ihr ausgelöste Erregung verhindert, daß in ihr nützliche Erfahrungen gemacht werden können. In der Angst kann man nichts lernen. Schon das Kleinkind spürt ihren ausweglosen Charakter. Soll die Angst behoben werden, so muß dies durch die mütterliche Person geschehen, die mit geschickter, zärtlicher Zuwendung die Sicherheit wieder herstellt.
Wenn das Kind Angst hat, so schreit es und macht hilflose Gebärden, die günstigenfalls bei der Mutter eine «zärtliche Antwort» auslösen. Aber oft kommt diese Antwort nicht und kann auch nicht kommen. Denn die Mutter selbst

ist zumeist Urheberin der kindlichen Angst. Wenn sie selber verängstigt, unglücklich, gespannt, «nervös» ist, so wird auf dem Wege der Einsfühlung diese Gespanntheit auf das Kind übertragen. Die von letzterem geäußerte Unlust und Angst erzeugt bei der ohnehin irritierten Mutter eine Gereiztheit, die das Kind noch mehr in Angst versetzt. So spielen sich zwischen Mutter und Kind Gefühlsprozesse ab, die sich wechselseitig steigern. Das Kind erfährt hierbei: Angst führt immer zur Katastrophe. Zunächst hemmt sie alle kindlichen Lebensäußerungen wie Saugen, Schlucken, Atmen: das schreiende Kind schreit sich in seiner Verzweiflung «blau», es droht zu ersticken. Der glücklichste Ausgang seines Angstzustandes ist unter Umständen, wenn es in der Erschöpfung schließlich in den Schlaf fällt. Dann wird auch die Mutter beruhigt, die in ihrer eigenen seelischen Unausgeglichenheit und in ihrem Ungeschick die Ursache der Angst war. Aber fast immer lernen beide Beteiligten vom ganzen Vorgang wenig. Auch das nächste Mal wird die Angst diesen katastrophalen Verlauf haben.

Die frühkindliche Angst

Erste Vorstufen des Angstgefühls ergeben sich beim Kinde unmittelbar nach der Geburt, wenn es an Sauerstoffmangel leidet. Die Trennung vom mütterlichen Organismus (Durchschneiden der Nabelschnur) ist, wenn auch kurzfristig, von einem solchen Zustand gefolgt. Diese Assoziation von Luftmangel und Angst bleibt für das spätere Leben bestehen. Auch dem verängstigten Erwachsenen kommt es so vor, als ob ihm die Luft abgeschnitten würde. Auch die etymologische Bedeutung von Angst (Enge) weist in diese Richtung. Ebenso drastisch wie bei der Angst ist Atmungsbehinderung bei Zorn und Wut beteiligt: manche laufen in ihren Wutausbrüchen regelrecht «rot und blau» an, als ob sie ersticken könnten. Dies erklärt sich aus dem Zusammenhang von Angst, Zorn und Wut: die beiden letzteren stellen immer eine Reaktion auf die erstere dar. Man wird nur wütend über das, was man als lebensbedrohlich empfindet (gleichviel ob eingebildet oder real).

Furcht ist nicht dasselbe wie Angst. Sie entsteht nach *Sullivan,* wenn die biologische Integrität des Organismus gefährdet ist. Man kann es auch so definieren, daß die Furcht ein konkretes «Warum» besitzt; bei der Angst ist dies nicht greifbar. Man ängstigt sich «um sein Leben», man fürchtet sich vor diesem oder jenem. Aber offensichtlich können die beiden Empfindungen ineinander übergehen; sie stimulieren sich wechselseitig.

Der Geburtsschrei ist die erste soziale Kontaktnahme des Kindes, allerdings auf völlig unbewußter Ebene. Das Schreien wird später zur wichtigsten Waffe gegen Entbehrung und Angst. Es ist das Allerweltsheilmittel des Kindes, jedoch nur wirksam, wenn die Mutter kooperativ und zärtlich ist. Vom häufigen Erfolg des Schreimanövers hängt der «soziale Optimismus» des Kindes ab. Sein Glaube an die Güte des Mitmenschen, an die gegenseitige Hilfe wird zu einem Zeitpunkt erworben, wo ihm noch alle Begriffe fremd sind.

Oft führt das Schreien, wie bereits erwähnt, zum Mißerfolg, weil die Mutter unaufmerksam, beschäftigt, ängstlich und unzärtlich ist. Sie wird dann nicht die geeigneten Maßnahmen ergreifen, um dem Kinde das Erlebnis der Sicherheit zu schenken. Mitunter handelt sie dann derart, daß die Angst des Kindes sich verschlimmert. Kindliche und mütterliche Angst induzieren sich bis zu extremen Zuständen, in denen die Mutter völlig rat- und hilflos ist und das Kind sich in den baren Schrecken «hineinschreit». Solche Vorkommnisse sind in der Frühkindheit gar nicht so selten wie man meint. Sie graben sich tief in das kindliche Gemüt ein und determinieren dessen Grundstimmung. Spätere Lebensangst ist oft noch der Nachhall solcher Kindheitskatastrophen. Auch Pessimismus, Kleinmut, verzagte Gesinnung, Kontaktscheu usw. resümieren den Ausgang kindlicher Angstanfälle, die von der mütterlichen Person nicht aufgefangen und beschwichtigt werden konnten. Das schreckliche Erlebnis der Angst wird noch durch das Ausgeliefertsein des Kindes und seine absolute Hilflosigkeit gesteigert. Einmal «im Griff» des Angstaffektes, weiß sich das Kind nicht daraus zu befreien. Je höher der «Angstpegel» steigt, um so zielloser wird die Reaktion des Kindes. Es kommt zu sinnlosen Bewegungsfragmenten, zu Spasmen (Krämpfen), zu Konvulsionen. Alle seelischen und körperlichen Vorgänge werden gedrosselt oder stehen still. In aller Angst wird Todesangst sichtbar.

Apathie und Somnolenz

Das Überleben des Kindes wäre in Frage gestellt, wenn es nicht gewisse Auswege zur Verfügung hätte, durch die es der Angst – vor allem ihrem Anwachsen durch Wechselwirkung mit der verängstigten mütterlichen Person – entrinnen kann. Ein Übergang von der Angst zum Schrecken oder Entsetzen kann, häufig wiederholt, schwere gesundheitliche Schäden hervorrufen. Um der Steigerung der kindlichen Unlustspannung ein Ende zu setzen, tritt daher im Sinne einer biologischen Schutzreaktion in bedrohlichen Situationen von der geschilderten Art die *Apathie* ein. In diesem Zustand, der dem Erwachsenen nicht fremd ist, werden bekanntlich alle Spannungen (daher auch die Angst) abgeschwächt. Die mangelhafte Bedürfnisbefriedigung wird in ihr nicht mehr so schmerzlich empfunden; die verängstigende Umwelt (Mutter) wird nicht mehr so intensiv oder überhaupt nicht erlebt. Der Kontakt mit der angsteinflößenden Umwelt wird radikal reduziert. Eine Steigerung dieser Apathie ist die *schläfrige Ablösung* (Somnolenz) vom Umweltsgeschehen: das Kind bricht alle Brücken zur beunruhigenden Umgebung ab und läßt mit seinem Bewußtsein auch die Angst erlöschen. Apathie und Somnolenz sind verwandte Zustände: in der ersteren sind die unbefriedigten, gesteigerten Bedürfnisse, in der letzteren ist die unentrinnbare Angst im Vordergrund. Beide Male sind Sicherheitsvorkehrungen im Spiel, die aus einem unerträglichen Zustand in einen erträglichen – den kindlichen Schlaf oder das Dahindämmern – überleiten.

Dieser Dynamismus, in der Frühkindheit schon eingeübt, ist auch im späteren Leben wirksam. Hinter manchem «phlegmatischen» Temperament verbirgt sich übergroße Empfindlichkeit gegen Angst, respektive apathischer Selbstschutz. Das in der angsterfüllten Kindheit eintrainierte Verhalten überdauert das Kindesalter und wird zum Grundmotiv des Erwachsenen. Auch «Vielschläfer» reagieren ihre inneren Spannungen, mit denen sie im Wachzustand nicht fertig werden können, im Schlafe ab. Schlaf, an sich eine natürliche Funktion, kann zum Hilfsmittel einer Scheinbewältigung von Lebensangst werden. Man «flüchtet» sich in das Schlafen, um den Problemen des Wachseins zu entgehen.

Schlafen und Wachen umfassen die ganze kindliche Lebenstätigkeit. Der Schlaf konsumiert zunächst beim Kinde einen Hauptteil des Tagesablaufes. Je älter man wird, um so kleiner wird das Schlafbedürfnis.

Wenn das Kind relativ oft die Apathie und die schläfrige Umweltsablösung als Hilfsmittel gegen die Angst einsetzen muß, gefährdet es damit seine psychische (und physische) Entwicklung. Es gewöhnt sich daran, rasch aus zwischenmenschlichen Konfliktsituationen in den spannungslosen Status des Schläfers zu entweichen. Der Umweltskontakt leidet empfindlich darunter. Denn wenn das Kind sich nicht mehr an die Umgebung wendet (mit Schreien, Lächeln, Gebärden usw.), stimuliert es die mütterliche Person auch weniger zur liebevollen Zuwendung: man denke nur daran, wieviel Freude von seiten der Mutter auf das lächelnde Kind gleichsam herabströmt, und wie jedes Elternpaar alle Entwicklungsfortschritte des Kindes mit Begeisterung, respektive Liebe quittiert. Das apathisch-somnolente Kind vermittelt der mütterlichen Person weniger Lust, beunruhigt und verängstigt sie eventuell gar und wird dementsprechend auch von ihr nicht viel Lustgefühle, Impulse zum Weiterwachsen erhalten. Bei entmutigten Kindern setzt ein Zirkel der Entmutigung zwischen Mutter und Kind ein.

Zonen der Wechselwirkung

Die Wechselwirkung des kindlichen Organismus mit seiner Mutter vollzieht sich in bestimmten *Zonen,* respektive Organen oder Organsystemen. Damit sind die «Kanäle der Kommunikation» gemeint: wohl erfährt das an die Mutter angeschmiegte Kind mit seiner ganzen Körperumhüllung (Haut) deren Wärme und schützende Gebärde, aber ein Großteil der nährenden und pflegerischen Verrichtungen konzentriert sich auf die Organe, die zum Kontakt besonders geeignet sind. Als wichtigstes Beziehungsfeld tritt zunächst die *orale Zone* in Erscheinung, indem das Kind durch Schreien, Saugen, Schlucken und Atmen die Beziehungen zur Welt aufrechterhält. Viele kindliche Grunderfahrungen werden im oralen Bereich gemacht, da hier ein großes Maß von funktioneller Aktivität entfaltet wird. Das Kind «begreift» die Welt zunächst mit dem Mund. Ein Großteil seiner Lustempfindungen hat hier ihre Wurzel. Erinnerung und Voraussicht entwickeln sich im Zusammenhang mit der Ernährungssituation: da diese lebenswichtig ist, beansprucht sie viel seelische Energie, die sozusagen auf der Bahn der Oralität sich in die Umwelt verströmt und in ihr Erfahrungen sammelt. Der Stärke dieser Bahnung entspricht die Lebhaftigkeit und Nachhaltigkeit der gewonnenen Eindrücke, von denen das kindliche Gemüt gefärbt wird.

Als Zone der Wechselwirkung wird nicht nur das spezifische Organ (z.B. der Mund) betrachtet, sondern auch der zugehörige nervöse Apparat im Zentralnervensystem. Der ganze Organismus lebt, erfährt und handelt durch die jeweilige «Zone» hindurch. Es ist richtig, innerhalb der kindlichen Entwicklung eine Verschiebung des Zonen-«Vorrangs» anzunehmen, indem mit dem Älterwerden die Bedeutsamkeit zonaler Erfahrung verlagert wird.

Die klassische Psychoanalyse hat dies in der Theorie von den Phasen der Libidoentwicklung zum Ausdruck gebracht. Demnach folgt auf eine frühkindliche orale Phase (Mund) die sogenannte «anale» (After, Reinlichkeitserziehung), dann die «phallische» (Stolz auf den Penis beim Knaben, Penisneid beim Mädchen) und schließlich die «genitale» (Geschlechtsreife). Nach *Sullivan* ist dies alles «Triebmythologie», erdichtete Dramatisierung des kindlichen Seelenlebens. Bei kritischer Betrachtung bleibt lediglich die Einsicht, daß die Wechselwirkung zwischen Umwelt und Kind tatsächlich vom Schicksal der Ernährung, Sauberkeitsgewöhnung, Sexualerziehung geprägt wird. Was *Freud* «erogene Zonen» nannte, sind ganz einfach bevorzugte Organsysteme, an denen sich die kulturelle Formung des Heranwachsenden vollziehen muß. Hier können die großen Tragödien der Frühkindheit einsetzen, wenn sich die Erzieher über die natürlichen Bedürfnisse und Eigenarten des Kindes nicht im klaren sind. Erzieherische Mißgriffe innerhalb der genannten Zonen von Wechselwirkung stören das kindliche Körpergefühl und damit auch sein

Seelenleben. Auch im späteren Leben findet der Umweltskontakt über dieselben Zonen wie in der Kindheit statt. Die frühkindliche Prägung läßt sich immer auch in den «oralen», «analen» und «genitalen» Erfahrungen und Charakterhaltungen des Erwachsenen nachweisen.
Reduziert man die psychoanalytische Triebmythologie auf den realen Tatbestand, so läßt sich feststellen, daß das kindliche Erleben zunächst um die großen Themen des Habenwollens (Oralität), Behaltenwollens und Hergebens (Analität) und der Lustempfindung (Genitalität) kreist. *Sullivan* hat vor allem dem oralen Motiv seine volle Aufmerksamkeit gewidmet.

Magie des Schreiens

Das an sich so banale kindliche Geschrei ist eine orale Erfahrung ersten Ranges: es lohnt sich, diese genauer zu betrachten. Unter günstigen Bedingungen führt das Schreien zum Beispiel dazu, daß das Kind die Mutterbrust mit seinen Lippen zu fassen bekommt und daß es durch Saugen und Schlucken Befriedigung empfängt. Die vom Hunger erzeugte Spannung wird dadurch gemildert oder ausgelöscht. Bald entsteht im Kinde, durch wiederholte Eindrücke des Erfolgs, die Überzeugung, daß das Schreien die Brustwarze herbeizurufen imstande ist. Infolge einer unbegreiflichen Beziehung hat der Schrei die Konsequenz, die Brust – und mit ihr die Nahrung – in den kindlichen Mund zu bringen. Das Verhaltensmuster «Schreien-wenn-hungrig» wird so zum Bestandteil der kindlichen Psyche, neben anderen Mustern «Schreien-wenn-kalt», «Schreien-wenn-naß» usw.
Alle diese Erfahrungen haben «magischen» Charakter in dem Sinne, daß unerklärlich bleibt, *was* und *warum etwas* geschieht. Für das Kind sind alle Umweltsereignisse derart beschaffen. Alles ist mehr oder minder rätselhaft: «Spuk»

ist an der Tagesordnung, ebensosehr auch das «Geisterbeschwören». Denn das Kind weiß nicht, daß die Mutter eine von ihm unabhängige Person ist; auch Brustwarze und Milch werden nicht als «eigenständig» wahrgenommen. Die kindliche Erfahrung besagt nur, daß *manchmal* auf das Geschrei hin Nahrungszufuhr erfolgt. Das Kind muß sich mit der Ungewißheit seiner magischen Praktiken abfinden: auf irgendeine merkwürdige Weise führt der Schrei gelegentlich zum Erfolg, aber man kann nicht wissen, warum der eine Schrei ins Leere verhallt, indes der andere die ersehnte Mutterbrust herbeizwingt. So werden bereits Macht und Ohnmacht auf frühkindlicher Stufe erlebt.

Die Tatsache, daß das Schreien nicht immer erfolgreich ist, darf als Beginn der Realitätserziehung angesehen werden. Das Kind ahnt nunmehr, daß die Umwelt nicht einfach Objekt seines Willens ist. Es ist gar nicht so unwichtig, daß diese Erfahrung nachhaltig gemacht und auch innerlich verarbeitet wird. Viele spätere Neurotiker und Psychotiker kranken an der Meinung, daß ihre Gedanken und Wünsche «allmächtig» seien. Sie haben als Kinder nicht gelernt, die menschliche Machtlosigkeit zu ertragen und (bescheiden) an deren Überwindung zu arbeiten.

Wenn sich Erfolgs- und Mißerfolgserlebnisse bei der magischen Schreipraktik ungefähr die Waage halten, ist das Kind fähig, Voraussicht in bezug auf seine Interventionen zu entwickeln. Unbeantwortetes Schreien führt dann nicht zur Verzagtheit und zum Abbruch der Umweltsbeziehungen. Eine gewisse Summe von «Fehlschlag» beeindruckt das Kind nicht allzusehr. Erst ein Übermaß von Frustration (gefühlsmäßige Enttäuschung) läßt die Neigung, sich mit seinen Bedürfnissen an die mitmenschliche Umgebung zu wenden, wesentlich verkümmern. Man beobachtet bei vernachlässigten Kindern, daß sie zunächst ihr Geschrei immer mehr akzentuieren, gleichsam als ob sie es aufs Äußerste ankommen lassen wollten, um sich der mütterlichen Person

in Erinnerung zu rufen. Kommt keine Umweltsreaktion zustande, so verfallen sie mehr und mehr der Apathie und Selbstgenügsamkeit, was sich auf die Persönlichkeitsentwicklung sehr nachteilig auswirkt.
Das Schrei-Schicksal des Kleinkindes bestimmt den Aufbau der Wahrnehmungs- und Empfindungswelt des werdenden Menschen. Die psychologische Überlegung ermöglicht uns, die kindlichen Bewußtseinsprozesse nachzuvollziehen.

Zweierlei Brustwarzen

Die magische Schreierfahrung des Kindes hat noch weitere Details. Das Schreien ruft wohl nur die Brustwarze herbei (an etwas anderem ist das Kleinstkind noch gar nicht interessiert), hat aber den Effekt, daß die «ganze mütterliche Person» herbeieilt. Nun werden die Dinge gelegentlich für das Kind recht verwickelt. Manchmal verläuft alles reibungslos und wie nach Wunsch. Mitunter aber – wenn die Mutter zum Beispiel ängstlich, aufgeregt, nervös ist – funktioniert die Sache nicht richtig. Der Schrei bewirkt zwar, daß die Brustwarze in den Mund eingeführt wird; aber die Anwesenheit der ängstlichen Mutter erzeugt Angst im Kinde, wodurch Nahrungsbedürfnis und Zärtlichkeitsverlangen unbefriedigt bleiben. Anstelle von Euphorie (Glück, Freude) bringt nun die mütterliche Brust in rätselhafter Weise Angst und unlustvolle Spannung. Würde das Kind sprechen können, so würde es sagen, es müsse sich hier um eine *andere* Brustwarze als die gewohnte handeln: denn sie verschafft keine Lust und Befriedigung.
Die von der Mutter auf das Kind übertragene Angst unterbricht und stört die Nahrungsaufnahme. Das Schreien hat offenbar eine *falsche* Brustwarze herbeigebracht, eine Brustwarze, in deren Gefolge Unmut, Qual, Kummer und Angst

auftreten. Kein Wunder, daß das Kind *diese* Brustwarze zurückweist. Aber damit lockert sich der Griff der Angst keineswegs. Denn die Mutter wird durch die Zurückweisung der Brust weiter beunruhigt, ihre Nervosität vergrößert sich mit entschiedener Rückwirkung auf das Kind. Die «falsche» Brustwarze «bringt alles durcheinander».

Wiederholt sich dieser Vorgang öfter, so scheint die Präsenz der falschen Brustwarze viel aktueller zu sein als diejenige der richtigen. Das Auftauchen der Brust wird dann geradezu zum Symbol und zur Ankündigung von Angst. Der Ernährungsprozeß wird stark beeinträchtigt. Angst überschattet das ganze frühkindliche Erleben.

«Falsche» und «richtige» Brust sind nur zwei Kategorien der kindlichen Wahrnehmung. Man darf ohne weiteres noch andere beifügen. So gibt es für das Kind bald auch die «richtige, aber leergetrunkene Brust», die angsteinflößende «böse» Brust usw. Man muß sich darüber Rechenschaft ablegen, daß die kindliche Empfindung zunächst mit dem Nahrungsinteresse parallel läuft.

Die Empfindung wird mit der Zeit immer differenzierter. Sie bezieht Erinnerung und Voraussicht ein, sie gewinnt erkennenden Charakter. Wie bereits angedeutet, kann schon das *Erscheinen* der Brustwarze für das Kind zum Vorgefühl von vorauszusehender Befriedigung, Angst oder Enttäuschung werden. Damit wird in das punktuelle Erleben des Kleinstkindes die Dimension der Zeit und der Zukunft eingeführt. Das Kind «kombiniert» nun bereits, was wohl aus dem Erscheinen dieser oder jener Brustwarze «folgen» wird. Denken und Handeln werden, zumindest in Keimform, zielstrebig. Darin ist die noch unklare Wahrnehmung inbegriffen, daß die Brust (resp. die Welt) etwas vom Kinde Unabhängiges darstellt. Die Außenwelt ist zwar ziemlich unergründlich, aber es gibt in ihr *Zeichen,* nach denen man sich richten kann. Es ist ein großer Schritt in der Intelligenzentwicklung, wenn das Kind sich der Zeichenfunktion zu bedienen lernt. Es weiß von diesem Moment an, daß Dinge, Vorkommnisse usw. eine *Bedeutung* haben (etwas ankündigen), was für das Leben wesentlich ist.

Wahrnehmungssynthese und Erkennen

Zunächst empfindet das Kind wie eine Pflanze oder ein primitiver Organismus, der lediglich unterscheiden kann, ob er sich in günstigem oder ungünstigem Milieu befindet. Ganz unbewußt registriert das Kind das Schwanken zwischen Euphorie und Spannung, ohne ein Gedächtnis zu Hilfe nehmen zu können, welches den einen Zustand mit dem anderen verbindet. Dies ist es, was *Sullivan* die prototaxische Stufe der Wahrnehmungswelt nennt – sie ist der Pflanze, dem Einzeller, allen Lebewesen (den Menschen inbegriffen) gemeinsam.

Später wird die wahrgenommene Umwelt differenzierter, wie auch Verhaltensmuster ausgearbeitet werden, die dieser Differenziertheit angemessen sind. Die Mutterbrust ist erster Gegenstand des kindlichen Erkenntnisvermögens. An ihr wird die Eigenständigkeit der Außenwelt erfahren, ihre rätselhafte Variabilität (gute Brust, böse Brust, leere Brust usw.), ihre unbegreifliche Launenhaftigkeit, mit der sie Beglückung oder Verängstigung austeilt. Aus Selbstschutz wird dann *Voraussicht* entwickelt, welche mittels früherer Erfahrungen neuartige Situationen abzuschätzen bemüht ist. Voraussehen kann man nur, wenn man in der Lage ist, *Zeichen* und *Signale* auszuwerten. Die kindliche Intelligenzentwicklung ist sichtlich darauf gerichtet, und bald besteht ein ganzes Arsenal von Zeichen und Bedeutungen, die allerdings noch recht subjektiv und realitätsfremd sein können. Denn die kindliche Erfahrung ist sehr lückenhaft, zufällig und ungeordnet: daher können sich mannigfaltige Irrtümer einschleichen, auf Grund deren das Verhalten sinnwidrig ausfällt. Die Auslegung eines Zeichens hängt von der vorangegangenen Lebenserfahrung ab.

Mit der Zeit identifiziert das Kind die «verschiedenartigen» Brustwarzen als die nämlichen, nur in anderer Konstellation; es begreift auch, daß es die Mutter ist, welche sich ihm mit ihrer Brust zuwendet. Zunächst wird eine Phase durchlaufen, wo es vermutlich «mehrere Mütter» zu geben scheint: die Mutter mit der guten Brust, die mit der bösen, der ängstigenden usw. Es ist ein großer Schritt in der kindlichen Entwicklung, sobald erfaßt wird, daß die «verschiedenen Mütter» im Grunde eine einzige sind: aber noch im späteren Leben haben wir manchmal Mühe, angesichts des Verhaltens unserer Umgebung an die Identität der Menschen zu glauben (er war ganz anders! so habe ich ihn nie gesehen! es war, als ob er ein anderer Mensch wäre!).

Die genauere Wahrnehmung wird auch durch die Funktion der «Distanzrezeptoren» begünstigt. Sehen, Hören und Riechen werden immer funktionstüchtiger und vermitteln dem Kinde ein schärferes Umweltsbild. Auch Tasten und Schmecken machen die Reifungsvorgänge mit und liefern zahllose Umweltseindrücke, die notwendigerweise registriert werden. Nach *Sullivan* ist nicht nur die gesetzmäßige biologische Reifung am Aufbau der Wahrnehmungswelt beteiligt, sondern auch das kindliche Bestreben, Angst zu vermeiden. Das Kind muß (und will) die Mutter bald erfassen, da es von ihr in seinem Glücksgefühl und seiner Angstfreiheit abhängt. Unter dem Zwang dieser Abhängigkeit vereinheitlicht es alle Erfahrungen mit der Mutter, die ihm schließlich als *Person* erscheint. Die Charakterentwicklung wird eingeleitet als ein Versuch, sich mit dieser mütterlichen Person auseinanderzusetzen, sich ihr anzupassen.

Integration und Desintegration

Das ganze menschliche Leben spielt sich nach *Sullivan* in zwischenmenschlichen Situationen ab. Solche Situationen müssen immer wieder aufgebaut, das heißt integriert werden. Theoretische Überlegung lehrt, daß es jeweils ein Bedürfnis geben muß, das zum Aufbau von Situationen nötigt: ist das Bedürfnis gestillt, so wird die Situation wieder aufgelöst (desintegriert). Bedürfnisse sind die Energiequellen, die zum Eingehen zwischenmenschlicher Beziehungen antreiben.

Das Kleinstkind wird durch sein Nahrungsbedürfnis dazu gedrängt, die «Brust-in-die-Lippen-Situation» herzustellen. Dazu muß es Energie aufwenden, eine funktionelle Leistung vollbringen. Der Schrei ruft die «gute Mutter» herbei, die bereit ist, das Kind zu säugen. Die auf diese Weise integrierte Situation wird so lange aufrechterhalten, als die Spannung des Hungers andauert. Aber nicht nur der Hunger des Kindes wird dabei gestillt; auch sein Zärtlichkeitsverlangen wird gleichzeitig befriedigt.

Es gibt demnach integrierende Tendenzen im kindlichen Seelenleben, das heißt Antriebe oder Bedürfnisspannungen, die zwischenmenschliche Situationen schaffen und aufrechterhalten. Die Ernährung ist hierfür nur *ein* Beispiel: wenn das Kind älter wird, kommen immer neue Bedürfnisse hinzu, die den Kontakt mit der Mutter herstellen.

Die Herstellung zwischenmenschlicher Situationen kann durch die Angst empfindlich gestört werden. Wenn die säugende Mutter zum Beispiel ängstlich ist, so überträgt sie ihre Ängstlichkeit auf das Kind. Die Angst der an der Ernährungssituation Beteiligten hemmt deren funktionelle Leistungsfähigkeit: das Kind verliert die Brustwarze, sucht sie nicht mehr, weist sie zurück und erbricht sich eventuell gar. In einem späteren Stadium kann es unter Umständen sogar Angstbewegungen zeigen, die einer Flucht aus der bedrohlichen Situation gleichen. Die ängstliche Mutter hingegen hält das Kind steif, wird beunruhigende Gesten machen, die seine Angst zum Entsetzen steigern können.

Man muß nach *Sullivan* zwischen Desintegration und Auflösung einer Situation unterscheiden. Die Auflösung ist der Normalfall: hier hat die Bedürfnisspannung nachgelassen, weil Befriedigung erreicht wurde; so ist zum Beispiel das gesättigte Kind nicht mehr daran interessiert, die «Brust-in-die-Lippen-Situation» aufrechtzuerhalten. Anders die Desintegration:

Sie bedeutet, daß trotz drängendem Hunger und der greifbar nahen, milchspendenden Brust nicht getrunken wird, weil die dazugehörige zwischenmenschliche Situation gestört worden ist. Der Faktor, der solche Situationen sprengt, ist die Angst. Sie verhindert im Leben des Kindes wie des Erwachsenen, daß zwischenmenschliche Beziehungen geschaffen und aufrechterhalten werden können. Anstelle integrierender Tendenzen setzt sie Fluchtreaktionen, in denen die Befriedigungsmöglichkeit entschwindet. Angst ist, wie *Sullivan* sagt, ein disjunktives Element: sie spaltet zwischenmenschliche Bindungen auf. Im späteren Leben tritt sie eventuell als Schüchternheit, Kontaktarmut, Jähzorn, Melancholie, Aggressivität, Eifersucht, Geiz usw. in Erscheinung; sie hat dadurch viel komplexere Gestalt angenommen, ist aber im Grunde immer noch die alte Angst, die von den Mitmenschen isoliert. Dem Kenner wird in jeder seelischen Unangepaßtheit die verborgene Angst sichtbar, die die Lebensbewegung ins Pathologische abdrängt.

Vektorenbetrachtung

Wenn die Angst die Erfüllung eines Bedürfnisses verunmöglicht, bleibt das Bedürfnis bestehen: es ist gleichsam

«unterschwellig» vorhanden und hat nichts von seinem drängenden Charakter verloren. *Sullivan* drückt dies in mathematischer Sprache aus, indem er seelische Kräfte als «Vektoren» beschreibt. Ein Vektor bedeutet in der Mathematik: Größe plus Richtung. Er wird gewöhnlich mit einem Pfeil angegeben; handelt es sich zum Beispiel um Kräfte, so besagt die Länge des Pfeiles, wie groß die Kraft ist – die Richtung zeigt an, *wohin* sie ihre Wirkung entfaltet. Dies kann mühelos auf das Seelenleben übertragen werden. Jede Bedürfnisspannung tendiert darauf, zwischenmenschliche Situationen herzustellen, in denen sie befriedigt werden kann; je größer das Bedürfnis, um so stärker die Kraft, die zur Integration einer menschlichen Beziehung antreibt (womit auch die Richtung der Kraft gegeben ist). Angst ist nun jeder Bedürfnisbefriedigung entgegengesetzt, und zwar um 180 Grad: sie hebt demnach den Bedürfnisvektor auf oder reduziert ihn um den Betrag, der ihrer Intensität entspricht. Ein konkretes Beispiel:
Angst addiert zu Hunger drosselt die Bewegungen, die zu dessen Stillung führen, oder erzeugt ein Verhalten, das der Nahrungsaufnahme entgegengesetzt ist, etwa Fluchtbewegungen (siehe Abbildung):

1.

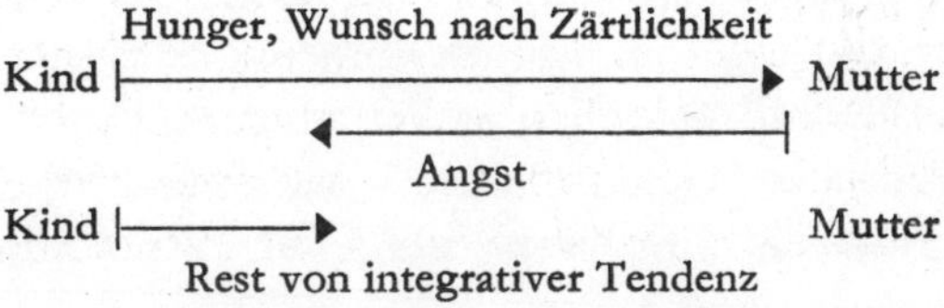

2.

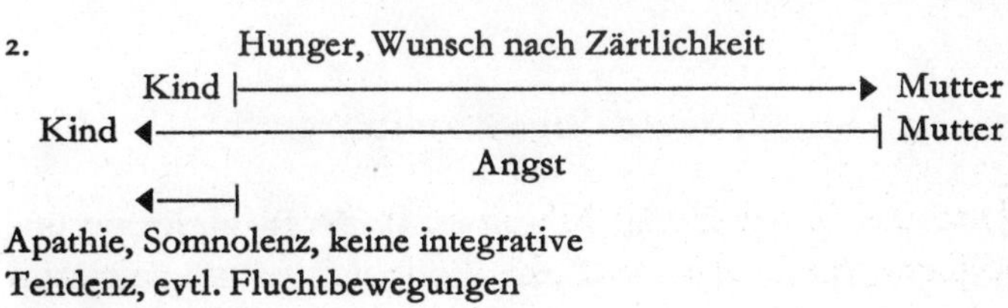

Alle kindlichen Bedürfnisse können nur befriedigt werden, wenn *zärtliche Zusammenarbeit* mit der Mutter erfolgt. Angst unterbricht Zärtlichkeit und damit auch sinngemäße Bedürfnisbefriedigung: sie ist das disjunktive (trennende) Element par excellence. Die Bedürfnisspannungen bleiben in der Angstsituation erhalten; zu ihnen kommt noch die kaum erträgliche Spannung der Angst hinzu. Daher muß man sich die Lage eines Kleinkindes, das beim Ernähren in den Angstzustand versetzt wird, als äußerst unlustbetont vorstellen. Manche Kinder durchlaufen innerhalb kurzer Zeit die Stadien des Schreckens, des Entsetzens und des fassungslosen Elends, wobei sie nur durch ihr Schreien vage zum Ausdruck bringen können, was sie eigentlich quält. Erblickt man ein derart schreiendes Kind, das zwischen seinen Jammerlauten nach Luft schnappt, blau anläuft, wiederum schreit mit überschlagender Stimme, so hat man ein Bild der Angst, die über das Kind hereingebrochen ist.
Alle späteren Lebensängste sind der Nachhall dieser Kinderangst. Auch sie können «vektoriell» gedeutet werden, indem man immer überlegen muß, welche Bedürfnisspannung durch Angst gedämpft oder «abgelenkt» wird. Vektoren-Betrachtung erklärt auch die Teil- und Scheinlösungen, die in Neurose und Nervosität so oft gesucht werden. In den Perversionen zum Beispiel wird das geängstigte Zärtlichkeits- und Sexualverlangen auf «halbe Befriedigungen» hingedrängt, womit ein Kompromiß zwischen Trieb und Angst zustande kommt. Auf ähnliche Weise können neurotische und psychotische Symptome verstanden werden.

Das Konzept des «Dynamismus»

Sullivan bemüht sich um eine dynamische Betrachtung des Seelenlebens. Im Anschluß an angelsächsische Philosophen

(z. B. *A. N. Whitehead*) deutet er den ganzen Weltprozeß als energetisches Geschehen. Lebewesen sind dynamische Einheiten, zusammengesetzt aus Unter-Einheiten (Organe, Zellen), die immer in Tätigkeit und aktiver Umweltsbewältigung begriffen sind. Organismus und Umwelt sind zusammen ein einheitliches System, in dem der Lebensvorgang abläuft.

Dynamismen sind relativ dauerhafte Verhaltensmuster, in denen sich die Energieumwandlungen des Organismus vollziehen. Sozialpsychologie und Psychiatrie beschäftigen sich nach *Sullivan* mit jenen Dynamismen, die die zwischenmenschliche Situation und die spezifisch menschliche Lebensweise kennzeichnen.

Ein Verhaltensmuster ist ein weites Schema, in dem sich ein lebendiger Prozeß abspielt. Das Muster wird realisiert, auch wenn umstandsbedingte Abweichungen eintreten. Selbst hinter groben Entstellungen durch Zufälle und äußere Bedingungen kann das zugrunde liegende Muster immer noch sichtbar werden. Auch genügen schon Teilstrebungen, um das von ihnen gemeinte Ganze erkennen zu lassen.

Die Verhaltensmuster des Organismus erscheinen im Laufe der Reifung und verändern sich im Leben durch günstige und ungünstige Einflüsse. Erfahrung modifiziert sie in guter wie in schlechter Weise. Nur weil der Organismus dynamische Strebungen hat, macht er überhaupt Erfahrungen.

Dynamismen verwirklichen sich über «Zonen der Wechselwirkung», das heißt Organe oder Organsysteme, über die der Kontakt mit der Umgebung hergestellt wird. Die Sinnesorgane sind besonders dazu geeignet, Kommunikation zu ermöglichen. Sehen, Hören, Riechen, Schmecken und Tasten fügen den kindlichen Organismus in die wahrgenommene Umwelt ein. Die hierbei gewonnenen Sinnesdaten fließen zu einer verallgemeinerten *Erfahrung* zusammen, die Orientierung ermöglicht. Alle Eindrücke des Kin-

des werden im Verlaufe von Bedürfnisbefriedigungen gewonnen und dienen letztlich dazu, diese zu erleichtern.
Sullivan zählt eine ganze Reihe von Dynamismen auf, in denen sich das Lebensgeschehen konzentriert. Dynamismen exemplarischer Natur sind etwa das Selbst, die Furcht, die Lust, die Oralität und der Schlaf. Darüber soll später Genaueres mitgeteilt werden. An dieser Stelle genüge die Mitteilung, daß es sich hier um dauerhafte Formen der Energieumwandlung handelt, die nicht statisch sind, sondern ständigem Wechsel unterliegen. Dynamismen können wachsen und degenerieren, sie können gehemmt werden und in Schein-Aktivität ausarten. Die lebendige Energie, die sie speist, muß durch Lernprozesse in die richtigen Kanäle gelenkt werden. Die frühkindlichen Erlebnisse spielen hierbei eine entscheidende Rolle. Die Erfahrungen, welche das Kind anläßlich der Bedürfnisbefriedigung macht, prägen den Dynamismus – in ihnen werden auch Zeichen und Symbole entwickelt, die im weiteren Verlauf des Lebens ermunternd oder abschreckend wirken. Auf einer frühen Stufe des Denkens sind Zeichen und Symbole ganz persönlicher Natur: die Zufälligkeiten des Erlebens können ihnen Bedeutungen verschaffen, die rein subjektiv sind. Der irrtümlichen Auslegung von Ereignissen und Zusammenhängen steht hiermit ein weiter Raum offen.
Sullivans Lehre will eine dynamische Psychologie sein, die die seelische Aktivität des Organismus in seiner Umwelt beschreibt und erläutert.

Frühkindheit und Persönlichkeitsbildung

Eine dynamische Betrachtung des Menschenlebens untersucht vor allem die «gewordenen Strukturen», das, was sich im Leben entwickelt und entfaltet hat. Dabei läßt sich erkennen, welchen Formungs- und Deformationsprozessen das Menschenkind unterworfen worden ist. Dies ergibt den Schlüssel zu den psychopathologischen Problemen, der lange Zeit irrtümlicherweise in Konstitution und Vererbung gesucht wurde. *Sullivan* distanziert sich entschieden von der traditionellen Psychiatrie, die dem Statischen viel mehr Interesse zuwandte als dem Dynamischen. Dementsprechend befaßte sich der Psychiater alten Stils mehr mit dem «Erbgang» in der Familie des Patienten als mit dem Patienten selber. Seelische Erkrankungen, Gemütsstörungen und Geisteskrankheiten wurden als «schicksalhaft» fatalistisch hingenommen. Erst die Tiefenpsychologie hat uns gelehrt, die Ursprünge solcher Fehlhaltungen zu verstehen. Diese liegen in der Familiengeschichte des Patienten, in seinen Erlebnissen und Schicksalen in frühkindlichen zwischenmenschlichen Situationen. Sofern in diesen Angst dominierend war, kann in ihnen das ganze Panoptikum psychopathologischer Symptome konstelliert werden. Die psychiatrische Forschung muß sich nach *Sullivan* nicht mit dem «Erbe», sondern mit dem «Erlebnis» befassen: nur das Aufdecken von Ursprung und Quelle der Angst ergibt Einsicht in die «Naturgeschichte der menschlichen Person».

Die Erfahrungen der Frühkindheit sind fundamental, da sie die unbewußte Lebenseinstellung des Kindes begründen. Alles Erlebte bestimmt *Erinnerung* und *Voraussicht*, mit deren Hilfe künftige Aufgaben und Schwierigkeiten vorweggenommen werden. Das Erlebnismaterial liefert die Bausteine zur *Persönlichkeit*, welche von *Sullivan* ebenfalls als dynamische Einheit verstanden wird, als strebende und empfindende Ganzheit, die sich in zwischenmenschlichen Situationen mit relativ dauerhaften Verhaltensmustern verwirklicht.

Die kindliche Persönlichkeit entwickelt sich in Wechselwirkung mit der mütterlichen Person. «Das Du ist älter als das Ich» – *Sullivan* würde diesem Satze *Nietzsches* beipflichten können. Wie sieht das Bild der Mutter im Kinde aus? Aus allen gelungenen Bedürfnisbefriedigungen *personifiziert* das Kind die «gute Mutter», die eine Ausgestaltung der «guten Brustwarze» ist, welche Nahrung, Zärtlichkeit, Wärme, Euphorie zu bringen pflegte. Die «gute Mutter» wird zu einem Symbol für gut integrierte Lebenssituationen, für Handlungen, die zum Ziel der Angstfreiheit, respektive Euphorie führten.

Es läßt sich aber kaum je vermeiden, daß das Kind noch eine zweite Personifikation durchführen muß. Angst, Ungeschick, Lieblosigkeit der pflegenden Person erzeugt Unlust im Kinde. Wiederholte Eindrücke dieser Art summieren sich schließlich zu einer «bösen Mutter», deren Erscheinen Angst hervorruft. Rätselhafterweise alternieren «gute» und «böse Mutter» in einem Rhythmus, der keine Voraussicht zuläßt. Erst in einem späten Stadium seiner Entwicklung kann das Kind «beide Mütter» zu einer einzigen Person zusammenfließen lassen, die eben bestimmten Launen, Stimmungen, Gemütsveränderungen unterliegt. Der Dualismus in der kindlichen Welt (Gut–Böse) hinterläßt Spuren im Persönlichkeitsaufbau. In manchen Gemütskrankheiten wird das dualistische Konzept wiederbelebt; auch in der Religionsbildung (Gott–Teufel) scheint es eine Rolle zu spielen.

Die Reinlichkeitserziehung

Das Bild, das sich das Kind von der Mutter macht, ist nicht mit der realen Mutter identisch. Seine unzulänglichen Erkenntnisorgane führen zu falschen Verallgemeinerungen, zur irrtümlichen Auswertung zufälliger Begebenheiten und Erlebnisse. Aber auch die Mutter hat kein realistisches Bild vom Kinde. Was sie im Kinde sieht, hängt von ihrer eigenen Persönlichkeitsstruktur ab, von ihrer Frühkindheit und Charakterentwicklung usw. Auch Erfahrungen mit anderen Kindern bestimmen ihre Haltung; des weiteren ihre Vorstellungen über die mütterliche Aufgabe schlechthin, ihre Meinungen über «gut» und «böse» usw. Schließlich wird die Familiensituation – Glück und Unglück der Ehe – die mütterliche Zuwendung zum Kinde affektiv färben.

Der Charakter der Mutter setzt den Möglichkeiten zärtlicher Kooperation mit dem Kinde gewisse Schranken. Alle kindlichen Bedürfnisse können nur gestillt werden, wenn die Mutter sich ihnen gegenüber *bejahend* verhält. Einseitigkeiten des mütterlichen Gemütes, Deformationen ihres Gefühlslebens verhindern Bedürfnisbefriedigungen, weil die Mutter diese unter Umständen als schlecht, unsittlich und wertvermindernd beurteilt.

So kann etwa das Kind nach dem Saugen an der Brust oder an der Flasche noch weiterhin Saugdrang empfinden; der Daumen drängt sich hierbei als Saugobjekt auf, weil mit seiner Hilfe doppelte Lust empfunden wird: die Empfindung im Mund wie am Daumen selber. Manche Mütter sehen in dieser harmlosen Befriedigung bereits die Gefahr der Infektion, des «Autoerotismus» und dergleichen. Sie werden daher zu einer verbietenden Haltung geneigt sein, die viel mehr schädigt als das «Lutschen» (Wonnesaugen).

Noch gefährlichere Klippen gibt es im Bereich der analen (Kot) und urethralen (Harn) Zone der Wechselwirkung. Das Bedürfnis, das hier befriedigt wird, ist die Befreiung von festen und flüssigen Abfallsprodukten. Die Spannungen, die der Organismus hierbei empfindet, lösen sich bei der Entleerung von Rectum und Blase, was das Kind als lustvoll registriert. Die mütterliche Person muß bei diesen Vorgängen Hilfe leisten, indem sie das Kind säubert und trockenlegt.

Im zweiten Lebensjahr soll das Kind lernen, in wachsendem

Maße Reinlichkeitssinn zu erwerben. Der Stuhlabgabe wird gewöhnlich mehr mütterliche Aufmerksamkeit zugewendet als dem Urinieren. Reinlichkeit an dieser Stelle ist lebenswichtiger als anderswo. Hier steht die Gesundheit des Kindes auf dem Spiel.

Daher ist die anale Zone besonders zwischenmenschlich geprägt. Angst beeinflußt auch hier das richtige Funktionieren, besonders wenn die Mutter diesbezüglich fanatisch, ängstlich, übervorsichtig ist. Auch bei diesem Dynamismus wird Angst zum «Gegen-Vektor» der normalen Bedürfnisbefriedigung. Sie erzeugt vermehrte Spannung und hält daher nicht selten Stuhlmassen zurück: Angst wirkt retentiv. Je länger der Stuhl im Enddarm verbleibt, um so wasserärmer wird er; zuletzt ist er so verfestigt und hart, daß seine Ausstoßung sehr schmerzhaft sein kann. Damit wird die Defäkation zu einem Unlusterlebnis, ein Umstand, der die seelische Entwicklung des Kindes ungünstig beeinflußt. Die Zusammenarbeit des Kindes mit seiner Mutter in der Reinlichkeitserziehung ist für die Sozialisierung des ersteren wesentlich.

Das Erlebnis des Körpers

In einer frühen Entwicklungsphase ist das Kind noch nicht in der Lage, seinen Körper von der Umwelt zu differenzieren. Wenn die Brust zum Beispiel in seinen Mund eingeführt wird, erlebt es diese als dem Munde zugehörig: vage Allmachtsgefühle konstituieren ein vorbewußtes «Ich», das so groß ist wie die ganze umgebende Welt. Dennoch bemerkt das Kind bald, daß einige Objekte der «Umwelt» sich von allen anderen wesentlich unterscheiden. Der Daumen, der in den Mund eingeführt wird, verschafft andere Lustempfindungen als die Brust oder ein Spielzeug. Er kann auch, einige Geschicklichkeit vorausgesetzt, jederzeit «nach Lust und Laune» herbeigebracht werden. Hier ist das Kind von der Mutter unabhängig: es findet sich in einer Situation, deren Bewältigung allein von seiner Fähigkeit abhängt, gewisse Bewegungen zu koordinieren.

Beim Zustandekommen der «Daumen-in-den-Mund-Situation» erlebt das Kind eine relative Autonomie. Bei mehrfacher Wiederholung und Verbesserung der Sinneswahrnehmungen entsteht ein Begriff von «mein» und «mein Körper» als einem Bereich einer unkooperativen Befriedigungsmöglichkeit: hier folgen einander Bedürfnis und Befriedigung in müheloser Verknüpfung, wobei das Kind sich auf «sicherem Terrain» befindet.

Aus solchen Eindrücken bildet sich das Verhaltensmuster «mein Körper», wozu sich später die Begriffsnuance «alles Meinige» hinzugesellt. Da hier Selbstherrlichkeit empfunden werden kann, wird dem Kinde der Irrtum nahegelegt, sich als isolierte Individualität zu erleben. Der Begriff «mein» spielt eine große und verhängnisvolle Rolle im Menschenleben. Seinetwegen sehen sich die Menschen als Einzelwesen, denen es mehr oder minder freisteht, mit der Gemeinschaft Beziehung aufzunehmen. Auch die klassische Anthropologie ging von dieser falschen Voraussetzung aus. Daraus wurde abgeleitet, daß der Egoismus (im Sinne von Selbstsucht) das natürliche Streben des Menschen sei. Man übersah dabei geflissentlich, daß die Natur des Menschen durch und durch *sozial* ist; daß alle seine Lebensvorgänge von Mitmenschlichkeit durchflossen und bestimmt sind.

Sullivan deutet an, daß der seelisch kranke Mensch ebenfalls vom Irrtum der «Ichhaftigkeit» ausgeht, indem er seine mitmenschliche Bezogenheit zuwenig verstanden hat. Dies geht zum Teil auf früheste Prägungen in zwischenmenschlichen Situationen zurück. Jedenfalls ist die Bevorzugung der «Mein-Sphäre» (Körper, Besitz) vor der Mitmenschlichkeit bereits Reaktionsprodukt auf Enttäuschungen innerhalb der letzteren: der Selbstsüchtige ist ei-

ner, der nicht an die liebende und zärtliche Kommunikation glauben gelernt hat.
Nachdem das Kind leib-eigene und leib-fremde Objekte voneinander unterscheiden gelernt hat, setzt eine gewaltige Entwicklung bei ihm ein. Leib-eigen sind Gegenstände, die empfinden und auch empfunden werden; Leib-Fremdes wird nur empfunden. Die kindliche Hand tastet bald den ganzen Körper ab und erobert Neuland, das unter den Begriff «mein Körper» fällt: die Selbstempfindung weitet sich aus und schafft ein Körper-Konzept, das dem späteren Erwachsenen noch eigentümlich sein wird. Vor allem in schweren Fällen psychischer Erkrankung wird das kindliche Körper-Erleben aufs neue aktualisiert; Schizophrene zum Beispiel (Hebephrenie) können sich aus Angst völlig auf die Funktion ihrer Körperöffnungen (Mund, Anus) konzentrieren, da dies die einzige Sphäre ist, wo sie sich relativ angstfrei fühlen.

Ausschaltung von Körpersphären

Das Vertrautwerden des Kindes mit seinem Körper wird frühzeitig von der Erwachsenenumwelt beeinflußt, hauptsächlich von der Mutter, respektive den Auffassungen, die sie von ihrer Aufgabe besitzt. Daumenlutschen und Greiftätigkeit des Kindes können zum Beispiel von ihr als «schlecht» und «abwegig» beurteilt werden. Sie wird darum durch *verbietende Gesten,* heftige Gebärden, eigene Unruhe und Angst im Kinde *Angst-Barrieren* errichten, die das Kind daran hindern, sein Körpergefühl uneingeschränkt auszuweiten.
Den Einschränkungen fallen – neben dem Daumenlutschen – vor allem die analen und genitalen Bereiche zum Opfer. Indes die Mutter das Kind viele Körperteile ohne «Ver-

botszeichen» berühren läßt, wird sie sichtlich Angst kundgeben, wenn die kindliche Hand sich dem After oder dem Genitale nähert. Auch Berühren von Exkrementen, Urin usw. wird mütterliche «Zeichen-Stürme» auslösen, in denen dem Kinde schwere Angsterlebnisse vermittelt werden. Unsere kulturellen Überzeugungen hinsichtlich von Lust und Sinnlichkeit, die von der asketischen jüdisch-christlichen Religion geprägt sind, belasten unser Verhältnis zur unschuldigen Neugier des Kindes in bezug auf seinen Körper. Der kindliche Kot, Unreinlichkeit überhaupt, Sehen und Betasten der Geschlechtsorgane werden auf diese Weise (über das Verhalten der Mutter) mit Angst imprägniert. Die von der Mutter suggerierten Angstgefühle führen schließlich dazu, daß das Kind diese Körperzonen oder -produkte aus seinem «Mein-Erlebnis» ausschaltet – damit werden Teile des Körpers und die ihnen entstammenden Bedürfnisse in ein diffuses «Nicht-Ich» abgeschoben, von dem her sie das Ich ständig bedrohen. Das Nicht-Ich – das die Psychoanalyse das Unbewußte genannt hat – enthält alle verdrängten und mißachteten Strebungen, die eigentlich in das Ich hätten aufgenommen werden sollen. Die erzieherische Verdrängung spaltet diesen Ich-Teil ab und schwächt somit das Ich in seiner Realitätszuwendung und -angepaßtheit. Als Produkt der traditionellen Erziehung – ihrer Vorurteile, Lebensfremdheit usw. – kommt dann eine verstümmelte Persönlichkeit zustande, nach *Sullivan* «eine Karikatur dessen, was der Mensch sein könnte und sollte».

Man kann diesen Vorgang schematisch andeuten, indem man einem frei erzogenen, innerlich abgerundeten und damit realitätstüchtigen Ich ein innerlich unfreies (gehemmtes, mit Verdrängungen und Abspaltungen behaftetes) Ich gegenüberstellt: das geschwächte Ich erträgt Versagungen und Konflikte viel schlechter und entwickelt in Notlagen die psychopathologischen Symptome.

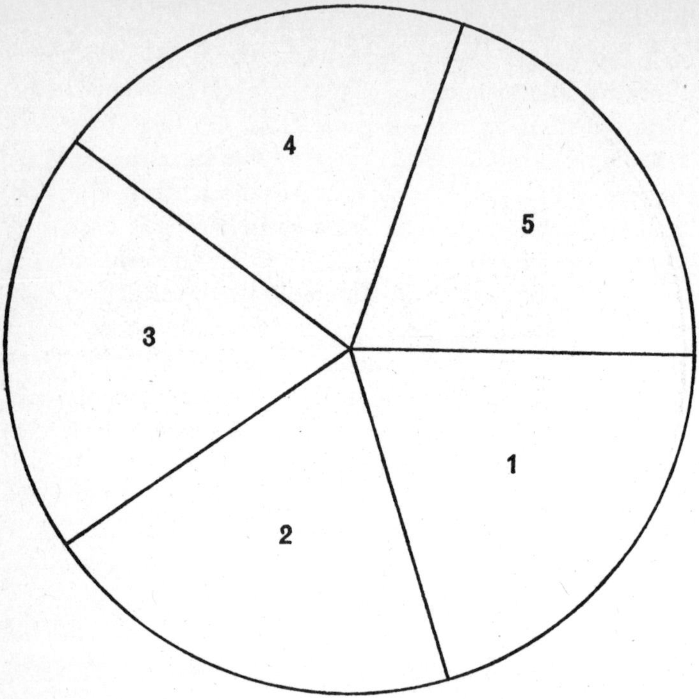

A. «Ideal» gesundes Ich

1 orale Bedürfnisse (Habenwollen)
2 anale Bedürfnisse (Kot, Behalten–Hergeben)
3 genitale Bedürfnisse (sexuelles Luststreben)
4 motor. Bedürfnis («Können» im weitesten Sinn, «Intelligenz»)
5 Zärtlichkeits- und Kontaktverlangen

Gesichtsausdruck und Sprachmitteilung

Zum Körpererlebnis gehört auch das Erlernen von Gesichtsausdrücken, aktiv als Mimik und passiv als Begreifen von Mimik verstanden. Etwa im Zeitraum vom 6. bis zum 8. Monat setzt dieser Entwicklungsprozeß ein.

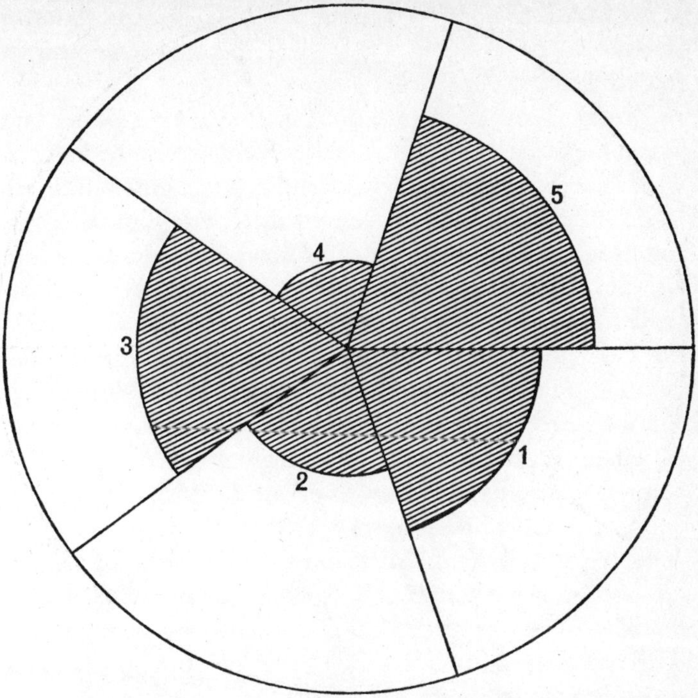

B. Nervöses, neurotisches, perverses, kriminelles
oder präpsychotisches Ich

Ich (bewußte Persönlichkeit)

Nicht-Ich (unbewußte Persönlichkeit)

Nach *Sullivan* haben alle Muskeln des menschlichen Körpers einen gewissen Tonus (Spannkraft), von dem aus sie in Aktivität übergehen können. Auch in der Ruhelage sind sie nie völlig entspannt. Insbesondere die Gesichtsmuskulatur verfügt über differenzierte Tonus-Verhältnisse. Der Wechsel dieser Spannungen erzeugt eine Mannigfaltigkeit von Ausdrucksmöglichkeiten: das menschliche Gesicht scheint ausdrucksfähiger als die Gesichter aller andern Lebewesen zu sein.

Frühzeitig lernt das Kind, daß eine bestimmte Bewegung seiner Gesichtsmuskulatur – *das Lächeln* – sozial bedeutsam ist. Lächeln ist keine Instinkthandlung: es gibt Kulturen, in denen es nicht angetroffen wird. Unsere Kultur hat in ihm eine der unzähligen Ausdrucksvarianten des Gesichtes als ein Mitteilungszeichen (von Freundlichkeit, Wohlwollen) «fixiert». Erscheint dieses Zeichen *zufällig* im Antlitz des Kindes, so erfährt es unverzüglich durch die Bejahung von seiten der mütterlichen Person, daß ihm damit Freude zuströmt – Grund genug, um diesen Ausdruck beizubehalten und ihn wiederum zu manifestieren. In der Zustimmung seitens der Umwelt erhält die Mimik ihren Bedeutungs- und Mitteilungscharakter.

Jeder Ausdruck kann Mitteilungswert haben: an seinem Ursprung mag er Zufall sein, später wird er zur Gewohnheit. Das Auftauchen des kindlichen Lächelns zum Beispiel wird von der Mutter als Beleg für die Intelligenz (Ansprechbarkeit, Entwicklungsgrad) des Kindes freudig aufgenommen; bald darauf tritt dann eine «lächelnde Verständigung» zwischen Mutter und Kind ein, die eine frühe soziale Kommunikation beinhaltet.

Zur selben Zeit etwa lernt das Kind auch den Gebrauch von Lauten zwecks Mitteilung, diesmal durch Nachahmung und Vorbild. Hierzu müssen zwei Zonen der Wechselwirkung – Ohr und Sprechwerkzeuge – koordiniert werden. Das Kind übt dies mit Versuch und Irrtum ein. Es experimentiert mit selbsterfundenen Lauten wie auch solchen, die es von seiner Umgebung hört. Es strebt merklich danach, alles Gehörte in eigene Lautbildung zu verwandeln, wobei es Melodie, Intonation, Lautmuster zu kopieren bemüht ist. Die Energie, mit der es dieses Ziel zu erreichen versucht, ist erstaunlich: das stundenlange Lallen des Kindes legt hiervon Zeugnis ab. Jene Laute, die den bedeutsamen Personen – der Mutter zum Beispiel – Freude machen, werden immer repetiert und in den Sprachschatz aufgenommen. Die Sprache selbst wird aus solchen von der Umwelt bestätigten (und Freundlichkeit auslösenden) Fragmenten aufgebaut. Kein Kind hat zunächst irgendeine Absicht, wenn es bei seinem sprachlichen Pröbeln auf die Lautkombination «Ma» oder «Mama» stößt; es spürt erst durch die begeisterte Zustimmung der Mutter, daß es auf richtiger Fährte ist, und es hat allen Grund, dieses kostbare Wort oft zu wiederholen. Ähnliches spielt sich beim Wort «Pa» oder «Papa» ab; die ganze Reichhaltigkeit der Sprache muß aus solchen Erfolgserlebnissen geschaffen werden. Der kindliche Mitteilungsdrang, welcher ein Abkömmling des Zärtlichkeitsbedürfnisses ist, mündet in die sozial anerkannte Sprache ein, da alle «falschen» Wortbildungen ohne mitmenschliches Echo bleiben.

Das «Macht»-Prinzip

Ein weiteres Prinzip in der kindlichen Entwicklung ist das «Macht»-Prinzip. Bei *Sullivan* hat diese Formulierung einen ganz besonderen Sinn: es ist damit nicht das Beherrschenwollen Anderer gemeint, sondern der Wunsch des Kindes, Geschicklichkeit – «Können» im weitesten Sinn – zu erlangen. Der Ursprung dieses Motivs liegt in der kindlichen Erfahrung der eigenen Machtlosigkeit, die in den ersten Lebensjahren ungemein häufig ist. Das Kind ist, wie *Alfred Adler* zu sagen pflegte, in einer typischen Minderwertigkeitssituation. Verglichen mit seiner Umwelt ist es klein und völlig hilflos, ganz auf die Unterstützung seitens der Erwachsenen angewiesen. Diese Unterstützung erfolgt sehr launenhaft, zufällig, unvorhersehbar: schon der kindliche Schrei kann nur bedingt die Mutter herbeirufen. Später folgen motorische, sprachliche, intelligenzmäßige Unzulänglichkeiten: erstere liebte *Sullivan* zu veranschaulichen mit dem Bestreben des Kindes, den «Mond zu ergreifen». Oft und immer wieder will das Kind etwas und kann es nicht. Die schmerzliche Erfahrung des Nichtgenügens bedingt die Entwicklung seiner Persönlichkeit entlang den Linien der Sicherheit, mit dem konstanten Motiv, im Umgang mit der Welt Souveränität zu erlangen. Werkzeuge und Instrumente anzuwenden, respektive anwenden zu können, erhöht das kindliche Machtgefühl; auch die Beherrschung des eigenen Körpers wird zur Quelle tausendfältiger Selbstbestätigungen.

Nach *Sullivan* entsteht demnach bald nach dem Verlassen des Uterus, wo die Unzulänglichkeit des kindlichen Organismus in der rauhen Außenwelt sehr rasch offenkundig wird, ein Strom von Tendenzen, Gedanken und Gefühlen, welche darauf angelegt sind, in begegnenden Situationen das Hilflos-sein zu vermeiden. Die kindliche Entwicklungsbereitschaft wird hierdurch wesentlich gespeist: das Kind will wachsen und sich entfalten, um «jemand» zu werden, das heißt ein Mensch, der Fähigkeiten und Fertigkeiten besitzt. Man erkennt hier den alten Irrtum, von dem die traditionelle Pädagogik ausging, wenn sie vermeinte, man müsse die Kinder gewaltsam zum Lernen und Arbeiten antreiben: nach *Sullivan* muß man dem Kinde nur Möglichkeiten des Lernens und Wirkens schaffen, und es wird von selbst diese mit Freuden nützen.

Geschicklichkeit, Leistung und Erfolg haben die gute Nebenwirkung, das Selbstwertgefühl außerordentlich zu steigern. Wer durch glückliche Umstände auf diese Bahn gerät, lernt sich selber achten, und soweit er von Selbstachtung erfüllt ist, kann er Andere respektieren. «Können» im Sinne von *Sullivan* ist ein Bestandteil der psychischen Gesundheit.

Der Machttrieb im üblichen Sinne des Wortes kommt vor allem bei jenen zum Durchbruch, die in der Entwicklung ihres «Könnens» irgendwo gescheitert sind und im Grunde Angst und Selbstverachtung in sich tragen. Nur derjenige will Andere beherrschen, dessen Unsicherheit so groß ist, daß er nur in der Überlegenheitsposition eine Pseudo-Sicherheit findet.
Sullivans Lehre erinnert diesbezüglich sehr stark an *Adlers* «Individualpsychologie», die weithin eine Vorwegnahme der «interpersonellen Psychiatrie» ist. Es ist allerdings nicht bekannt, ob *Sullivan Adlers* Schriften gelesen hat und ob sich beide Pioniere der Tiefenpsychologie je persönlich getroffen haben, was immerhin möglich ist, da *Adler* in den dreißiger Jahren in New York vielbeachtete Vorlesungen hielt. Jedenfalls sind *Adlers* Lehren vom Minderwertigkeitsgefühl und vom kompensatorischen Machtstreben in *Sullivans* Konzeptionen fast wörtlich enthalten.

Dynamik des Lernens

Im ersten Lebensjahr reifen bereits eine ganze Reihe von Funktionen und Fähigkeiten. Gegen sein Ende hin hat das Kind schon ziemlich viel von dem angenommen, was die «menschliche Lebensweise» ausmacht. Die Reifung schreitet weiter fort, und aus dem «menschlichen Tier» wird in zunehmendem Maße ein menschliches Wesen.
Alles Lernen ist im Grunde «organisierte Erfahrung». Die Eindrücke, die das Kind im Kontakt mit Mutter und Umwelt empfängt, werden immer differenzierter; da auch Erinnerung und Voraussicht ins Spiel kommen, werden zeitlich auseinanderliegende Erfahrungen nutzbringend verkoppelt. Dadurch kann das kindliche Verhalten zielsicherer und angepaßter werden; es erlaubt die Integration von im-

mer komplizierteren Situationen, in denen Befriedigung erstrebt und erreicht wird.

Am Reifungsprozeß des Kindes ist die mütterliche Person wesentlich mitbeteiligt. Auch Reifung ist ein zwischenmenschlicher Prozeß. Selbst wenn die biologischen Voraussetzungen bereitliegen, muß eine zwischenmenschliche Situation die Bedingung schaffen, durch die der biologische Dynamismus in die kulturelle Funktion eingeführt werden kann. Am Beispiel des Lächelns und der Sprache ist dies schon erläutert worden.

Angst hat auf das Lernen einen maßgeblichen Einfluß. In ihrer massiven Form allerdings ist sie nur ein *Lernhindernis*; da der akute Angstanfall «einem Schlag auf den Kopf» gleicht, trägt er nichts zum Erfahrungserwerb bei. Die durch die Angst verursachte Konfusion kennt kein «vorher» und «nachher»; in der dadurch entstehenden Bewußtseinstrübung geht die Erkenntnis der Umstände verloren, die die Angst ausgelöst haben. Auch der Erwachsene hat Mühe, im Angstaffekt Einsichten zu sammeln, die bei einer Wiederkehr der Angstsituation Abwehr leisten können.

Milde Angst hingegen ermöglicht Lernen und hat weitreichende erzieherische Bedeutung.

Nach *Sullivan* ist der Angstgradient der erste Gegenstand des Lernens, das heißt das Kind lernt mit dumpfem Bewußtsein, unter welchen Gegebenheiten sich seine Angst vergrößert oder verringert. Wie ein Tier sich aus der Gefahr in ein sicheres Milieu bewegt, strebt auch das Menschenkind von Gefahrenzonen weg in jene Bereiche, wo es Zustimmung von seiner Umwelt erfährt. Darin ist auch die Erziehbarkeit des Menschen begründet. Soziale Mißbilligung ist eine der wichtigsten Quellen der Angst. Indem das Kind diese zu vermeiden sucht, erwirbt es soziale Verhaltensmuster, die sein Sicherheitsgefühl bestärken.

Das kindliche Lernen nützt verschiedene Prinzipien aus.

Zunächst arbeitet es gemäß «Versuch und Erfolg»: Techniken, die Bedürfnisspannungen erleichtern und Befriedigung verschaffen, werden beibehalten und zum Instrumentarium der Persönlichkeit gemacht. Ist die Verständigung mit der Umwelt subtiler geworden, so lernt man durch «Bejahung oder Verneinung», was im Rahmen unserer heutigen Pädagogik noch häufig «Lohn und Strafe» bedeutet. Der «Lohn» kann schon darin bestehen, daß am Kinde vermehrtes Interesse genommen wird; die «Strafe» kann Entzug von Aufmerksamkeit, Vermittlung von Angst sein.
Eine weitere Möglichkeit des Lernens geht via «Versuch und Irrtum» vor sich: Dies gilt zum Beispiel für die Sprachentwicklung, in die allerdings auch die anderen Prinzipien hineinspielen. Imitation leistet hier einen besonders großen Beitrag; bis in den Tonfall und Sprachgebrauch hinein, bis in seine Sprachmelodie wird das Kind von seiner frühen Umwelt geprägt.

Anfänge des Selbstsystems

Am Ausgang der Frühkindheit wird vom Kinde erwartet, daß es soziale Verhaltensweisen annimmt. Die Zärtlichkeit der Mutter, die es zunächst bedingungslos erhielt, wird nun an diese Bedingung geknüpft. Nach dem ersten Lebensjahr wird der erzieherische Prozeß intensiviert.
Alles, was die mütterliche Person als «gutes Verhalten» auffaßt (z. B. Reinlichkeit, disziplinierte Stuhlentleerung, Lächeln, Mama-sagen usw.), wird mit zärtlicher Zuwendung beantwortet, die das Wohlbefinden des Kindes erhöht.
Zärtlichkeit als Lob und Anerkennung ist der wichtigste Faktor in der Sozialanpassung des Kindes. Oft handelt es

sich um eine unwillkürliche Freude, die von der Mutter ausstrahlt, wenn das Kind sich «richtig» benimmt. Diese freundliche Antwort bestärkt das Kind im Beibehalten und in der Weiterentwicklung sozialer und sinnvoller Verhaltensmuster.

Alles, was die mütterliche Person mißbilligt, erzeugt im Kinde Unsicherheit und Angst. Auch hier muß es sich um keine bewußte Wechselwirkung zwischen Erzieher und Kind handeln. Schon die Nervosität der Mutter anläßlich kindlicher «Unarten» (deren Definition je nach der Einstellung der Mutter in weitesten Bereichen variieren kann) zeigt dem Kinde, daß es sich «auf falschem Wege» befindet. In einem späteren Alter wird es die Mutter nicht einfach mit «Gesten» und spontanen Gefühlsäußerungen bewenden lassen: sie wird dem Kinde auch *wörtlich* mitteilen, wo sie mit ihm nicht einiggehen kann.

Das Kleinkind jedoch wird noch durch Zärtlichkeit und Angst gelenkt. Es spielt hierbei, wie *Sullivan* sagt, das alte Spiel von «heiß und kalt, unter den möglichen Verhaltensweisen eine Auswahl treffend, bei der Angstvermeidung das Wesentliche ist». Denn jähes Auftreten von Angst ist das Schlimmste, was das Menschenkind betreffen kann. Dort, wo Angst dumpf und dunkel das Kind überfällt, macht es die Erfahrung des «Unheimlichen». Hier kann es nichts mehr lernen, denn alle Bewußtseinstätigkeit setzt angesichts des Grauens aus. Was bleibt ist nur die Empfindung, aus welchem existentiellen Bereich die Angst entstand: dort wird dann, mehr oder minder unbewußt, ein *Tabu der Unheimlichkeit* errichtet, welches alle diesbezüglichen Situationen aus dem weiteren Lebenslauf auszuschließen trachtet. Das Bekanntwerden und die Befreundung mit der Umwelt erhält so Einschränkungen, die der Aktivität und Selbstentfaltung gewisse Grenzen setzen. Nicht nur das Ich wird durch die Angst verstümmelt; ganze Weltbezüge fallen aus, so daß das Welterleben und die Kontakt-

fähigkeit durch den Angstaffekt reduziert werden. In *Sullivans* eigenen Worten:
«Es ist notwendig, zu betonen, daß die Angst für einen großen Teil von unangepaßtem, unwirksamem, unnötig starrem und andersartig unglücklichem Benehmen der Menschen verantwortlich ist; Angst ist der Urheber von einem großen Teil dessen, was die Tätigkeit des Seelenarztes in Anspruch nimmt. Nur wenn dies verstanden wird, kann man begreifen, daß menschliche Beziehungen hauptsächlich davon beeinflußt werden, ob der eine oder andere Beteiligte mehr oder weniger ängstlich wird – die Angst ist zwar nicht der Motor, der die menschlichen Beziehungen ins Leben ruft, aber sie bestimmt mehr oder weniger den Verlauf ihrer Entwicklung» (The Interpersonal Theory, S. 160).

«Gutes Ich», «böses Ich», «Nicht-Ich»

Die seelische Entwicklung des Kindes, die weiter oben dualistisch unter den Titeln «Ich» und «Nicht-Ich» abgehandelt worden ist, muß noch detaillierter erörtert werden. Nach *Sullivan* tritt noch als dritte Instanz das «böse Ich» in Erscheinung, welches ebenfalls dynamisch in das Lebensgeschehen eingreift.
«Ich» oder «gutes Ich» enthält die Organisation von Erfahrungen, die Befriedigung durch Lob und Zärtlichkeit von seiten der mütterlichen Person einschließen. Indem das «gute Ich» von der Umwelt bejaht wird, kann das Kind es selber auch bejahen; es weiß sich dabei mit allen bedeutsamen Beziehungspersonen in Einklang. Alle Strebungen, die unter diesen Begriff fallen, haben das gute Gewissen für sich. Sie sind gesellschaftlich akzeptabel; indem man ihnen Folge leistet, muß man nicht befürchten, in den Bereich der Angst zu geraten.

Anders beim «bösen Ich»: dieses ist der Gesamttitel für Tendenzen, die soziale Mißbilligung finden und daher geeignet sind, Angst hervorzurufen. Was im Ich als «böse» bezeichnet werden soll, hängt von der Enge und Einseitigkeit des mütterlichen (elterlichen) Erziehungsdenkens ab; für manche Mutter ist schon die Selbständigkeit des Kindes, seine Initiative und Entwicklungsbereitschaft «böse», weil dadurch das Kind von seiner dominierenden Mutter emanzipiert wird. Andere Mütter dulden im Bereich des Sexualtriebes gewisse Befriedigungsmöglichkeiten (Nacktheit usw.), indes sie andere (z.B. Onanie, vorehelichen Koitus) aufs schärfste verurteilen. So kann ein Teil der sexuellen Antriebe ins «böse Ich» abgedrängt werden. In der Anerkennung des «bösen Ich» verneint das Kind sich selbst, womit sein Ich wesentlich geschwächt wird.
Auf das «Nicht-Ich» haben wir bereits hingewiesen. Es entsteht durch massive Angstreaktionen im erzieherischen Prozeß, der mitunter ganze Körperregionen und die ihnen zugehörige Erlebniswelt «abspaltet». Das «Nicht-Ich» steht außerhalb des Bewußtseins: es äußert sich lediglich im Traum, in der seelischen Erkrankung, in der Psychose. Im nicht manifest erkrankten Menschen bekundet es sich eindrücklich in *Lücken* des seelischen Aufbaus: dort, wo normalerweise Strebungen erwartet werden dürfen, findet man Ausfallserscheinungen, die darauf hindeuten, daß ein Teil des Ich «in der Verdrängung wirkt». Wo immer das «Nicht-Ich» ins bewußte Erleben hineinspielt, erschreckt es durch seinen primitiven, widerwärtigen, bedrückenden und belastenden Charakter. Da es nicht in die Entwicklung einbezogen werden konnte, ist es *infantil* und bleibt so durch das ganze Leben hindurch: in Träumen und Psychosen bricht es in seiner ganzen Unheimlichkeit hervor. Alle seine Inhalte entziehen sich einer sachgemäßen Mitteilung, weil sie Gedankenprozessen entstammen, die zum Teil aus vorsprachlichem Erleben kommen. Je größer das «Nicht-

Ich », um so geringer die Berührungsfläche des restlichen « Ich » mit der Welt; je größer das « böse Ich », um so schwächer die Ich-Funktion in der Bewältigung der Außenwelt. Das weiter oben gegebene Schema muß demnach folgendermaßen abgeändert werden:

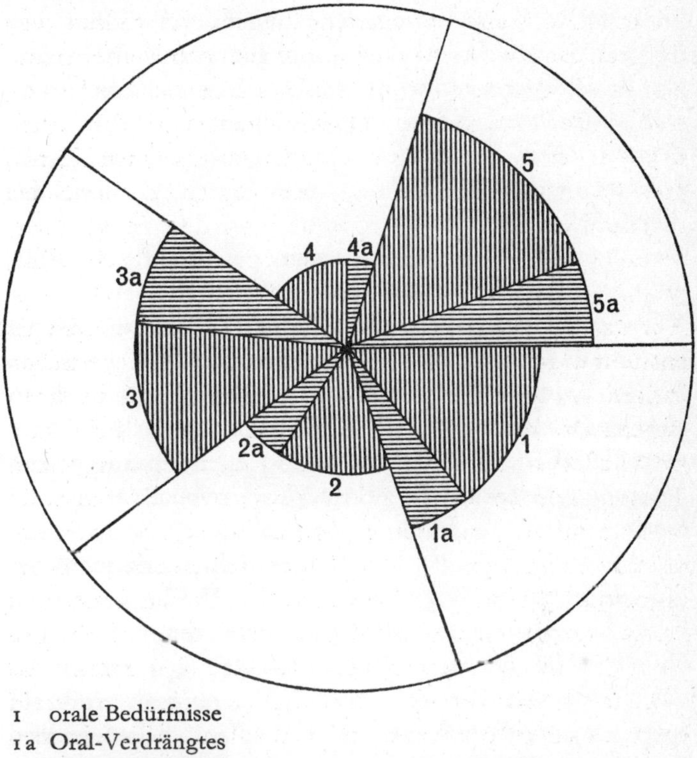

1 orale Bedürfnisse
1 a Oral-Verdrängtes
2 anale Bedürfnisse
2 a Anal-Verdrängtes
3 genitale Bedürfnisse
3 a Genital-Verdrängtes
4 motor. Bedürfnisse
4 a Motor.-Verdrängtes
5 Zärtlichkeitsverlangen
5 a verdrängte Zärtlichkeit

gutes Ich
böses Ich
Nicht-Ich

Das Selbstsystem

Das Selbstsystem ist nach *Sullivan* ein Dynamismus, der darauf gerichtet ist, das «gute Ich» zu verwirklichen und Angst zu vermeiden. Es handelt sich um einen sekundären Dynamismus, das heißt, es hat keine besondere (biologische) Zone der Wechselwirkung, der es zugehört; alle Zonen der Wechselwirkung können von ihm für zwischenmenschliche Beziehungen verwendet werden. In diesem Sinne entsteht das Selbst als ein reines Produkt der Zwischenmenschlichkeit: es ist der «Akteur» in den menschlichen Beziehungen, das «gute Ich», als strebende und wertgerichtete Persönlichkeit verstanden.

Das «gute Ich» wurde, wie bereits geschildert, durch die erzieherische Beeinflussung mit Hilfe von Bejahung und Verneinung geschaffen. Die mütterliche Person spendet kooperative Zärtlichkeit, wenn das Kind sich «richtig» benimmt; in allen Schritten der Sozialisierung gibt zärtliches Verhalten den Leitfaden ab. Wo immer das Kind vom «sozialen Wege» (was immer die Erzieher darunter verstehen mögen!) abweicht, merkt es durch leichte verbietende Gesten, durch Negation, daß es fehlgeht; die elterliche Mißbilligung erzeugt Angst in ihren milden und schweren Spielformen. Die Synthese aller dieser Erfahrungen wird durch den Aufbau des Selbstsystems vollzogen; in diesem findet sich der Niederschlag aller Erfahrungen mit bedeutsamen Erziehungspersonen, anläßlich deren man lernte, auf sozial akzeptiertem Wege Bedürfnisse zu befriedigen und damit Angst zu eliminieren.

Die Notwendigkeit, ein Selbst zu entwickeln, ist durch die soziale Lebensform des Menschen gegeben. Das gesellschaftliche Zusammenleben, das das menschliche Leben gewissen Spielregeln unterwirft, erfordert die Ausbildung des Selbst, welches die Orientierung innerhalb der Gemeinschaft übernimmt.

Da die Familie dem Selbst die erste und entscheidende Richtung gibt, ist sie verantwortlich für die Lebens- und Leistungsfähigkeit des Kindes. Mitunter kann sie ihre Funktion nur schlecht ausüben: viele Familien spiegeln infolge charakterlicher Deformation der Eltern, mißlicher Eheverhältnisse usw. nur sehr lückenhaft die gesellschaftliche Lebensform wider. Was in ihnen zur Angstvermeidung ausgereicht hat, erweist sich im allgemeineren Rahmen des Zusammenlebens als unzweckmäßig. Hält man sich vor Augen, daß das Individuum mit dem Instrumentarium, das es in der Familie erworben hat, sich an die Gesellschaft anpassen muß, so wird es begreiflich, daß diese Anpassung bei ungünstigen Kindheitsbedingungen mit einem Fehlschlag enden muß.

Aber das Selbst ist nicht nur Ursache seelischer Erkrankungen, sondern auch der seelischen Gesundheit des Menschen. In ihm ist immer Streben und Selbstverwirklichung vorhanden, auch wenn diese unter dem Einfluß lebensfremder Erziehungsmethoden eigentümlich und sonderbar anmuten. Nach *Sullivan* hat man einen Menschen erst dann erkannt, wenn man sein Selbst – seine Arten der Angstvermeidung und der Bedürfnisbefriedigung – verstanden hat. In zwischenmenschlichen Beziehungen ist das Verstehen des Partner-Selbst von größter Bedeutung. Die sinnvolle Gestaltung menschlicher Kontakte hängt wesentlich davon ab, ob es gelingt, das Selbst des Anderen nicht zu verletzen. Das Schicksal aller menschlichen Partnerschaften wird an diesem Punkte entschieden. In Liebe, Ehe, Kindererziehung, beruflicher Zusammenarbeit usw. zeigt sich dies mit unmißverständlicher Deutlichkeit.

Auswählende Unaufmerksamkeit

«Der Selbst-Dynamismus ist gegründet auf der Erfahrung von Zustimmung und Ablehnung, von Belohnung und Strafe. Die Besonderheit des Selbstdynamismus besteht darin, daß er jeweils gemäß seiner Entwicklungsstufe funktioniert, vom Beginn an. Je mehr er sich entfaltet, um so eher gleicht seine Funktion einem Mikroskop. Da die Zustimmung der Beziehungsperson sehr wichtig ist, da Mißbilligung jede Befriedigung verunmöglicht und Angst hervorruft, wird das Selbst äußerst bedeutsam. Es ermöglicht ein genaues Beachten der Umstände des Kindes, welche Zustimmung und Ablehnung erzeugen, aber, wie ein Mikroskop, behindert es das Wahrnehmen der übrigen Welt. Wenn man durch sein Mikroskop schaut, so sieht man nur, was im Blickfeld liegt. So ist es mit dem Selbstdynamismus. Er hat die Tendenz, die Aufmerksamkeit zu fixieren auf jene Beziehungen zur «bedeutsamen Person», die Bejahung oder Verneinung enthalten. Und diese Eigentümlichkeit, eng verbunden mit Angst, bleibt von da an durchs ganze Leben hindurch erhalten. Es kommt so weit, daß das Selbst (das, worauf wir uns beziehen, wenn wir «Ich» sagen) das an uns ist, was Aufmerksamkeit entfaltet, feststellt, was um es herum und in ihm selber vorgeht. Der Rest der Persönlichkeit bleibt außerhalb des Bewußtseins. Seine Impulse und Zustände werden nicht vermerkt» (Conceptions, S. 20–21).

Mit diesem Zitat zeigt *Sullivan* an, daß «Enge» und «Weite» unseres Selbst die Möglichkeiten dessen bestimmen, was überhaupt erlebt und erfaßt werden kann. Dies erklärt auch, warum sich das Selbst so schwer ändert, auch wenn es offensichtlich fehlangepaßt ist. Auch als «krankes Selbst» kann es sich selber nicht durchschauen:

«Das Bewußtsein unserer Verhältnisse und unser Bewußtsein der Verhältnisse anderer ist dauernd beschränkt auf

einen Teil dessen, was (wirklich) vorgeht, und die Struktur und der Charakter dieses Teils ist bestimmt durch unsere frühen Erlebnisse: diese Begrenzung wird ständig aufrechterhalten durch die Empfindung von Angst, wann immer man diese Schwelle überschreiten will.
Unnötig zu sagen, daß die Begrenzungen und Einseitigkeiten des Selbst mit der Erreichung biologisch notwendiger Befriedigungen in Widerspruch stehen können. Wenn dies geschieht, ist die Person seelisch krank. Ähnlich kann der Widerspruch auch im Hinblick auf die Sicherheit zustande kommen, und in eben demselben Maße ist die Person auch seelisch krank» (Conceptions, S. 22).

An dieser Stelle führt *Sullivan* den wichtigen Begriff der «auswählenden Unaufmerksamkeit» ein. Damit wird die Fähigkeit des Selbst bezeichnet, alle Tatsachen des Lebens zu mißachten, die zu ihm im Widerspruch stehen. Das Selbst nimmt nur das wahr, was sein Streben, Denken, Fühlen und Handeln zu bestätigen scheint. In diesem Sinne hat jeder Mensch – vor dem Forum seiner Selbstbeobachtung – mehr oder minder «immer recht». Auch seelisch kranke Menschen schildern zunächst ihre Lebenssituation so, als ob es an ihrer Einstellung nicht fehlen könnte. Erst die genauere Betrachtung kann aufdecken, was das Selbst zu übersehen geneigt ist: alle menschlichen Beziehungen sind viel mannigfaltiger und komplexer, als der in ihnen Stehende weiß und versteht. Wo das Selbst unreif geblieben ist, bildet es menschliche Verhältnisse nur unzulänglich und verzerrt ab, was einer Weiterentwicklung und Reifung hinderlich ist.

Offene und verdeckte Prozesse

Die dargestellte Problematik des Selbst bewirkt, daß es im Seelenleben verschiedenerlei Bewußtseinsgrade gibt. Im

Zentrum des Bewußtseinsfeldes stehen alle Strebungen des «guten Ich»: am Rande, im Halbdunkel vorbewußter und unbewußter Regungen, finden sich abgewiesene und nicht anerkannte Persönlichkeitsanteile. Da alles in das Lebensgeschehen einbezogen ist, entfalten diese wie jene funktionelle Aktivität; seit *Freud* wissen wir, daß das Psychische nicht notwendigerweise mit dem Klar-Bewußten identisch ist. *Sullivan* spricht hier von «offenen» (overt) und «verdeckten» (covert) Bewußtseinsvorgängen. Erstere sind durch das Subjekt wie auch die mit ihm in Beziehung stehenden Mitmenschen leicht zu erfassen: sie sind auch sprachlich formulierbar und werden mehr oder minder direkt zum Ausdruck gebracht. «Verdeckte Prozesse» jedoch – die an das «Verdrängte» und das «Unbewußte» der Psychoanalyse erinnern – leben nur in der Abspaltung, sind Teilstücke des Nicht-Ich, die sich nur undeutlich und andeutungsweise manifestieren und deshalb auch eher erraten und erahnt werden müssen. Da bei ihnen die sprachliche Formulierung und nicht selten auch die Formulierbarkeit fehlt, geht es hier um Handlungen und Haltungen, die kaum je einer bewußten Beeinflussung unterliegen. Soziale Verhaltensmuster können hierauf nicht angewendet werden. Dies macht, wie bereits an anderen Orten hervorgehoben, die relative «Unerziehbarkeit» des «Verdeckten» aus. Alles, was durch die Erziehung und frühkindliche Umwelt in den Bereich psychischer «Abspaltungen» verwiesen wurde, bleibt infantil, primitiv, autistisch – in Verborgenheit für das Subjekt wie auch seine Umgebung. Nur in den psychischen Erkrankungen, in Träumen, Fehlhandlungen, nervösen Symptomen und in den Psychosen kommt es ans Tageslicht und läßt erkennen, wieviel Unterdrücktes der Mensch in seinem Gefühlsleben mit sich herumträgt.

Wenn verdeckte Strebungen ins Bewußtsein einbrechen, so wirken sie anpassungsstörend. Sie verunmöglichen dem Selbst, sein erreichtes Entwicklungsniveau zu halten; in der

Sprache der Psychoanalyse gesprochen führen sie zur *Regression,* zur Ausschaltung höherer Persönlichkeitsschichten, wobei primitivere Anpassungsmodi in den Vordergrund treten. Dies ist eine gewöhnliche Erscheinung des Normallebens wie der seelischen Krankheit. Schon in der Ermüdung werden kompliziertere Verhaltensmuster durch einfachere ersetzt. Die Tagträume der Menschen, ihre Phantasien geben oft «verdeckten» Gedankenprozessen Raum.

Die erzieherische Unwissenheit der Eltern ist der Hauptgrund dafür, daß ein Großteil natürlicher Regungen vom Kinde abgespalten werden muß. Mit Hilfe von Scham, Ekel und Angst «sensibilisieren» die Eltern das Kind gegenüber vielen Lebensbereichen, deren Einfügung in die Persönlichkeit günstig und gesundheitsfördernd wäre. Die elterlichen Tabus begrenzen den gefühlsmäßigen Horizont des Kindes. Überhaupt ist das «Bild», das die Eltern sich vom Kinde machen, das «Prokrustesbett», in das die kindliche Statur hineingezwängt werden muß: ähnlich wie der griechische Räuber, der seine Gäste streckte oder verkürzte, bis sie in seine Betten paßten, verstehen viele Eltern ihre erzieherische Aufgabe in dem Sinne, daß sie die kindliche Individualität so lange biegen oder brechen müssen, bis sie in ihr eigenes Charakter- und Lebensschema störungsfrei eingeschaltet werden kann.

Stufen der Sprachentwicklung

Die Sprachentwicklung des Kindes ist besonders geeignet, sein Hineinwachsen in die zwischenmenschliche Welt zu veranschaulichen. Hier wird eine biologische Funktion sichtlich in eine soziale umgewandelt – aus Zufallsäußerung wird bewußtes Ausdrucksvermögen. Das ziellose Lallen des Kindes stößt bei Zufallstreffern (Mama, Papa usw.) auf zärtliche Antwort, die es veranlaßt, die euphoriebringenden Laute zu wiederholen. So wird der erste Wortschatz des Kindes aufgebaut. Später hilft die Nachahmung weiter. Das Kind ist dann schon in der Lage, Ohr und Sprechwerkzeuge derart zu koordinieren, so daß es mühelos vorgesagte Lautmuster wiedergeben kann. Eine reiche Entwicklung setzt an diesem Punkte ein. Aber es ist immer noch die Umweltsreaktion, die bestimmt, was in den kindlichen Sprachschatz aufgenommen werden soll. Lob (Freundlichkeit) oder gleichgültiges Nichtbeachten lenken den Strom vom Kinde gebildeter Laute, Töne, Rhythmen in die von der Mutter (und der übrigen Umgebung) akzeptierten Kanäle. Zunächst wird – weil die Erwachsenen offenbar annehmen, daß dies dem Kinde angepaßt sei – eine verballhornte «Kindersprache» durch gemeinsame Übereinstimmung zwischen Kind und Umwelt «konstruiert»; diese zum Teil lächerliche Pseudo-Sprache wird eines Tages fallengelassen, und das Kind verzichtet auf Ausdrucksweisen, die dem Erwachsenen anscheinend nicht (mehr) gefallen. Alles, was im Selbst dauerhaft bestehen soll, muß sozusagen durch Zustimmung bedeutsamer Erziehungspersonen «legalisiert» werden; dies gilt für die Sprache nicht weniger als für andere Formen der Aktivität.

Bevor die Erwachsenensprache übernommen wird, zeigt sich eine «autistische Sprache», deren Symbole nicht allgemeingültig, sondern «privat» sind. Dies rührt daher, daß das Kind sich noch nicht richtig mitteilen kann und will. Seine Sprechäußerung wendet sich an ein paar Umweltpersonen, die es zumeist verstehen, wenn es nur Bedeutungs*fragmente* äußert. Oft spricht das Kind mit Phantasiepersonen, Schöpfungen seiner eigenen Einbildungskraft, für die artikuliertes Denken und Sprechen absolut unnötig ist. Dem noch nicht ins Gesellschafts- und Kulturleben einbezogenen Status des Kindes entspricht demgemäß eine

«asoziale Sprache», eine Sprache für den Privatgebrauch, deren Mitteilungswert sehr gering ist. Diese Sprache wird später unterdrückt, lebt aber im Seelischen weiter. Sie kommt in Träumen zum Vorschein, evtl. in Halluzinationen, in psychotischen Erkrankungen. Die scheinbare «Sinnlosigkeit» solcher Sprachtrümmer in psychopathologischen Zuständen ist bei genauerer Analyse nur Oberfläche; in tieferen Seelenschichten bedeuten derartige Sprach-Gesten sehr viel, es muß nur gelingen, sie entsprechend zu interpretieren. Werden sie auf ihre eigentliche Bedeutung angesprochen, so tragen sie viel zum Verständnis und Selbstverständnis des Patienten bei.
Die autistische Sprache gehört nach *Sullivan* zur parataxischen Stufe des Welterlebens; auf diese kindliche Lebensform soll die «syntaxische» folgen, in der Eindrücke und Erfahrungen in allgemeingültigen Sprachinhalten formuliert werden können. Dies ist der Zustand der seelischen Reife, des Erwachsenwerdens. Das Hineinwachsen in die Menschenwelt hängt nicht unwesentlich vom geschickten Symbolgebrauch (Sprache) ab.

Traum und Tagträume

Gleichzeitig mit der Entstehung der «autistischen Sprache» kommen Träumereien in Gang. Ihr Gehalt setzt sich aus Phantasien zusammen, die nicht syntaxisch formuliert sind: oft bedeuten sie einfach eine Aneinanderreihung von Bildern, die gelegentlich durch Worte verknüpft sind. Denken und Sprechen dieser Altersstufe werden schon im vorschulpflichtigen Alter mehr oder minder radikal unterdrückt. Die Kontaktnahme mit den Gleichaltrigen erzwingt eine Angleichung an deren Niveau, wobei allgemein ein Großteil infantiler Verhaltensmuster, die in der Familie noch brauchbar waren, abgestreift werden. Das in solcher Weise vom Bewußtsein Zurückgewiesene verwandelt sich aus offenem (overt) in verdecktes (covert) Verhalten; es spielt sich nunmehr in einem schmalen Saum zwischen Ich und Nicht-Ich ab, stellt in gewisser Hinsicht die Kommunikation zwischen letzterem und ersterem her.

In diesem Bereich gibt es auch die sogenannte «lautlose Sprache», ein Sprechen, das keine Mitteilung intendiert. Das Kind vollzieht früh den Entwicklungsschritt von der hörbaren zur verschwiegenen Sprache. Alle Tagträume verwenden dieses unausgesprochene Denken, das sich ganz auf persönliche Symbole, Zeichen und Andeutungen beschränken kann, weil es ja niemandem etwas verständlich machen soll. Tagträumen findet gewöhnlich statt, wenn die zentrale Aufmerksamkeit des Bewußtseins nachläßt. Indem höhere Bewußtseinsschichten lahmgelegt werden (durch Ermüdung, Apathie, Verlust des Umweltkontaktes usw.), werden die primitiveren Verhaltensmuster aktiviert. Sozusagen immer geht es hierbei um die Befriedigung von Triebwünschen, Wunsch- und Größenträumen. Diese sind von jenem Altersniveau getönt, in dem der «Autismus» der eigentliche Wirklichkeitsbezug ist: das heißt, sie haben mehr oder minder infantilen Charakter.

In den Tagträumen (wie in den Träumen während des Schlafes) tritt ein Stück verstecktes, verdecktes Leben – samt den ihm zugehörigen Nöten und Bedürfnissen – zutage. *Sullivan* betont, daß ein Großteil unseres Seelenlebens aus diesen «autistischen» Prozessen besteht. Die Bilderwelt der Tagträume umfängt uns ganz und gar; aus dem Strom des nicht-verbalen Lebens und Zusammenlebens ragen lediglich einige Inseln der artikulierten Umgangssprache heraus. Die Sprache reicht niemals so weit wie das Erlebte, sie hält in knappem Stenogramm dessen Umrisse fest, ohne Einzelheiten und Nuancen in Worte kleiden zu können.

Sprechen ist immer auch Symbolverwendung, und man kann die Frage aufwerfen, wie weit die Sprachentwicklung die symbolische Tätigkeit der Psyche fördert. Bekanntlich hat die Psychoanalyse sehr großen Wert auf das Studium der Symbole gelegt. Dabei ging es im wesentlichen darum, aus Symbolen (z. B. in Träumen) das eigentlich «Gemeinte» herauszulesen. Wege und Umwege der psychoanalytischen Symboldeutung sollen hier nicht nachgezeichnet werden. *Sullivan* übergeht das Problem der Symbolik, indem er sich zur Überzeugung bekennt, daß das Seelenleben über unendliche Symbolmöglichkeiten verfügt (von denen die sexuellen Symbole bei weitem nicht die wichtigsten sind!). Die Unterscheidung von offenen und verdeckten Prozessen ist wichtiger als jede Symbolanalyse: und das Verdeckte kann nicht mittels «Symbolkatalogen», sondern mit Hilfe *entwicklungspsychologischer* Überlegungen gedeutet werden.

Selbstsystem und Sicherheit

Mit dem Hinweis darauf, daß das Selbstsystem in erster Linie Angst vermeiden soll, ist zugleich auch gesagt, daß es hauptsächlich der *Sicherheit* dient. Die wichtigsten Funktionen des Selbst sind die Sicherheitsmaßnahmen: sie sind geradezu seine Lebensäußerung. Je ängstlicher der Mensch im Leben steht, um so starrer hält er an seinen «Sicherungen» fest; dies erklärt, daß zahllose Menschen durch Fehlschläge im Leben hindurchgehen, ohne etwas in bezug auf ihre ungünstigen Einstellungen und Haltungen zu lernen. Im Gegenteil, Fehlschläge machen das Selbst nicht selten noch empfindlicher und ängstlicher, so daß es Erfahrungen, die von seinem ursprünglichen Konzept abweichen, nicht in sich einbauen kann.

So steht das Sicherheitsbedürfnis des nervösen und neurotischen Menschen seiner inneren Entwicklungsfähigkeit andauernd im Wege. Er meidet geradezu «instinktiv» menschliche Kontaktnahmen, die den starren Panzer seiner Angstabwehr sprengen könnten. Daraus folgt die Beharrlichkeit und Kontinuität in jedem Lebenslauf: bei genauerem Studium wiederholen sich in jedem Leben einige grundlegende Probleme und Konflikte, die immer wieder auftauchen, ohne vom Betroffenen in ihrer Wesenhaftigkeit verstanden zu werden. Die scheinbare Unveränderlichkeit von Charakter und Persönlichkeit führte früher dazu, von angeborenen Eigenschaften zu sprechen; «so mußt Du sein, Dir kannst Du nicht entfliehn» *(Goethe)*. *Sullivan* glaubt nicht an die psychische Vererbung, sondern erklärt die Schwer-Korrigierbarkeit des Selbst aus seiner «Imprägnation» mit Angst, die aus frühkindlichen Einschüchterungen entstand; Ausweitung des Selbst in Richtung auf das «Verdrängte» heißt die Lebensangst konfrontieren: «Eine verdrängte Tendenz in das Selbst aufzunehmen heißt, eine tiefgreifende Wandlung der Persönlichkeit durchführen, was auch zu einer beträchtlichen Änderung der zwischenmenschlichen Beziehungen führt, in denen man lebt. Nicht nur ist hier das Element der Wandlung, sondern es gibt auch keine Möglichkeit der Voraussicht über die Richtung und das Ausmaß der Wandlung. Endlich, man kann nicht voraussagen, ob diese Änderung erträglich sein wird; man ahnt, daß ernsthafte Konflikte damit verbunden sein werden, denn der Selbstdynamismus enthält mächtige Strebungen, die verantwortlich sind für den Charakter der bisherigen Lebensführung. Die Wandlung ist daher kaum eine attraktive Angelegenheit, nicht einmal theoretisch. Praktisch kommt es gar nicht zum Abwägen; es gibt nur eine stabile Lebenseinstellung und im Kontrast dazu Angst und Schrecken, die sich auf das Unbekannte beziehen» (Conceptions, S. 142).

Aber das Selbst darf nicht als absolut unveränderlich gedacht werden. Es ändert sich nur langsam und schwerfällig. Eine systematische Änderungsmöglichkeit bietet die Psychotherapie, die den Ratsuchenden dazu anleitet, sich über seine Ängste und Unzulänglichkeiten klar zu werden und sie zu überwinden. Jede seelenärztliche Behandlung muß mit längeren Zeitabschnitten rechnen, da sie neue Verhaltensmuster anstelle von untauglichen, lebensfremden Reaktionen setzen muß. Der Austausch solcher Verhaltensweisen gelingt, sofern die zwischenmenschliche Beziehung von Therapeut und Patient gut ist; es werden dann zwischen ihnen Situationen geschaffen, die das Selbst dazu verleiten zu *expandieren*, das heißt Erfahrungen in sich aufzunehmen, die es infolge von Angst auszuschalten versucht hat.

Sicherheit und Sublimierung

Sicherheit kann am ehesten erreicht werden, wenn das Individuum lernt, sich in die umgebende Kultur einzufügen. Dies setzt vielfältige Lernprozesse voraus, die anstelle direkter Bedürfnisbefriedigungen (wie sie für das Kind charakteristisch sind) verfeinerte und kompliziertere Verhaltensmuster setzen. Diesen Weg zur Reifung – zum «Kultiviertwerden» – nennt *Sullivan* «Sublimierung». In dieser Fassung bedeutet der Begriff *Lernen* im allerweitesten Sinne des Wortes: er hat mit dem *Freud*schen Sublimierungsprinzip wenig oder gar nichts zu tun.

Sullivans Definition lautet: «Sublimierung ist ein unbewußter Ersatz für ein Verhaltensmuster, welches Angst hervorruft oder dem Selbstsystem widerspricht, durch ein sozial angepaßteres Verhaltensmuster, das teilweise jenes Bedürfnis befriedigt, von dem der Prozeß ausgegangen ist.»

Solche Vorgänge spielen sich bereits in der frühen Kindheit ab. Sie bedürfen keiner bewußten Anstrengung, keines «Vorsatzes». Wahrscheinlich gelingen sie am besten, wenn keine bewußte Absicht darin enthalten ist. Ein Großteil des Sublimierungsgeschehens liegt im Bereich «verdeckter» Bewußtseinstätigkeit; deren letzter Schritt taucht im Bewußtsein als *neue Motivation* auf: woher diese kommt, ist dem Betroffenen selber nicht klar. Der Impuls zur verfeinerten Anpassung wird wie alles, was im Selbst enthalten ist, durch Billigung und Mißbilligung seitens bedeutsamer Erziehungspersonen ausgelöst. Das Kind ahnt deren Wertmaßstäbe und verzichtet um der Liebe willen auf primitive Lebensäußerungen, die dem «Niveau» des dem Erzieher vorschwebenden Verhaltens nicht entsprechen.
Die Psychoanalyse hat den Irrtum propagiert, daß Verzicht auf Triebwünsche die geistige Aktivität der Persönlichkeit fördere. Diese absonderliche Theorie, die sehr gut zur christlichen Askese paßt, ist eine Fiktion. Die Erfahrung lehrt keineswegs, daß die Negation des Sexuellen die Geistigkeit stimuliert. Viel eher führt sie zu charakterlicher Deformation, Nervosität und Neurose. *Sullivan* weist die Möglichkeit der Sexual-Sublimierung in enge Schranken, wenn er schreibt:
«Unnötig zu sagen, daß es Verhaltensmuster und unbewußte Prozesse im Hinblick auf Bedürfnisbefriedigung gibt, die kaum diesem Prozeß (der Sublimierung) unterworfen werden können. Wenn wir die Reifezeit diskutieren werden, werden wir sehen, daß dies für die Sexualität gilt, zumindest meiner Meinung nach. Gewisse zonale Bedürfnisse im Rahmen der Sexuallust mögen sich sublimieren lassen, aber wenn jemand darauf angewiesen ist, das ganze Bedürfnis damit abzutun, so steht er mit einem Fuß in der Neurose drin, wenn nicht gar mit beiden Füßen.»
Wenn die subtilere, angepaßtere Reaktionsweise dem Kinde nur aufoktroyiert wird (was immer im Falle von zwang-

hafter, autoritärer Erziehung erfolgt), so kommt es nicht zu einem eigentlichen Lernprozeß, und der primitivere Verhaltenstyp lebt in der «Verdrängung» weiter. Darum bleibt ein Rest von Unbefriedigtheit im sozialen Benehmen, was *Freud* unter dem Titel «Das Unbehagen in der Kultur» beschrieb. Bei einer richtigen, der menschlichen Natur angemessenen Pädagogik würde dieses Unbehagen hinwegfallen – auch das entwickelte, differenzierte Verhalten kann zur vollen Befriedigung führen.

Deformationen des Selbstsystems

Die *Freud*sche Lehre von der Unverträglichkeit des Menschen mit seiner Kultur stammt letzten Endes aus der christlichen Lehre von der «Erbsünde» und der ursprünglichen Verdorbenheit der menschlichen Natur. Dieser wurde bekanntlich jahrhundertelang ein entschiedener «Hang zum Bösen» zugeschrieben. Die ganze abendländische Moral ist bemüht, die «bösen Neigungen» im Menschen zu unterdrücken und an deren Stelle «das Gute» zu setzen.

Im Lichte der psychologischen Forschung erscheint die Annahme einer natürlichen Bösartigkeit des Menschen als absurd. Ungünstige, asoziale, antisoziale Verhaltensweisen haben ihre Hintergründe im menschlichen Entwicklungsprozeß. Wir können heute ziemlich genau angeben, unter welchen Bedingungen die kulturelle Formung des Kindes ins «Böse-sein» ausartet.

Am Anfang steht das kindliche Bedürfnis nach Zärtlichkeit, das derart groß und umfassend ist, daß es einen Gegensatz zur Umwelt weder wünschen noch wollen kann. Das Kind schmiegt sich an seine Erzieher an, da es deren Pflege und Betreuung benötigt, um leben, wachsen, sich entwickeln zu können. Wird das Zärtlichkeitsverlangen angemessen gestillt, so entfaltet es sich als *Kontaktstreben* zur sozialen Gesinnung, die die mächtigste Triebkraft im Menschen darstellt.

Aber unter ungünstigen Erziehungsverhältnissen kann es nicht ausbleiben, daß die kindliche Zärtlichkeit auf unfreundliches Benehmen der Erwachsenen stößt, welches Angst auslöst. Es bildet sich mitunter eine Assoziation zwischen Zärtlichkeitswunsch und darauffolgender Angst – wenn sich diese Beziehung festigt durch häufige Wiederholung, so kann im Kinde eine Angst vor menschlicher Intimität entstehen. Dies ist in der Geschichte seiner Beziehungen zu den bedeutsamen Erziehungspersonen begründet.

Die «Pädagogik der Strafe» spielt hierbei zum Beispiel eine verhängnisvolle Rolle. Unsere Kultur geht noch von der Voraussetzung aus, daß man Kinder von Zeit zu Zeit bestrafen muß. Hierbei wird dem Kinde Schmerz zugefügt, wenn es sich «gegen die Autorität vergangen hat». Das Maß dessen, was als Autoritätsvergehen bezeichnet wird, schwankt sehr gemäß den elterlichen Vorstellungen, die von der psychischen Verfassung der Eltern gefärbt sind. Jedenfalls ist es für viele Kinder äußerst mühselig, sich den oft völlig irrationalen (willkürlichen) elterlichen Vorschriften anzupassen.

Aber diese Anpassung ist unausweichlich: da es von den Eltern völlig abhängig ist, muß das Kind lernen, mit ihnen umzugehen. Es versucht sehr bald, Voraussicht in bezug auf das elterliche Verhalten zu entwickeln. Diese Bemühung scheitert jedoch nicht selten an der Unberechenbarkeit der elterlichen Launen und Anweisungen. Schon das kleine Kind kann es aufgeben, jemals mit den Eltern «ins reine» zu kommen, da alles, was es tut, auf negativistische Antwort stößt. Auch sind die Wertmaßstäbe und Regeln des Verhaltens, welche dem Kinde aufgedrängt werden, derart unlogisch und widersprüchlich, daß das Kind sich mit Schein-

Anpassungen zufriedengibt. Er lernt sein eigentliches Innenleben vor den Eltern geheim zu halten. Es entwickelt tausendfältige Kunstgriffe (Als-ob-Manöver), mittels deren es den Strafen ausweichen und sich Sicherheit verschaffen kann. Damit nimmt es in sein Selbst Momente der *Unechtheit* auf, die alle spontanen Gefühlsregungen drosseln.

Umwandlung zur Böswilligkeit

Rein äußerlich akzeptiert das Kind die Strafe, weil es nur schwer dagegen rebellieren kann. Aber die feinere Beobachtung zeigt, daß jedesmal, wenn gestraft wird, im Kinde Wut und Erbitterung entsteht. Diese sind Reaktionen auf die Angst, welche in der Strafsituation das kindliche Gemüt verdüstert. Da die Eltern absolut überlegen sind, können Wut und Zorn lediglich an Spielgefährten (Geschwistern) und Spielsachen ausgelassen werden. Die hierbei zutage tretende Gewalttätigkeit ist derjenigen der Erwachsenen nachgeahmt. Das Kind will so groß und so mächtig werden wie seine Eltern – kein Wunder, daß es auch deren aggressives Verhalten kopiert. Der Zusammenhang zwischen Bedrohtheitsgefühl und Zornausbruch bleibt von der Kindheit an für das ganze Leben gültig: wo immer ein Mensch in Angst gerät (und es weder sich selbst noch der Umwelt eingestehen will), wird der Wutausbruch die Ängstlichkeit camouflieren.

Die Unterdrückung des Zornes den Eltern gegenüber (durch deren Übermacht erzwungen) führt zu *Ressentiment* und *übelnehmender Gesinnung*. Die verschwiegenen Hasser hassen am besten. In den langen Jahren der Kindheit wird in verständnislosem Milieu unsäglich viel Groll gegen die Mitmenschen ausgebrütet. Das davon betroffene Kind kann sich seines Lebens nicht mehr freuen, weil es alle seine

Gedanken und Gefühle hat verstecken lernen müssen. Die unausgesprochenen Empfindungen wuchern aber in ihm weiter, erzeugen innere Spannungen, die in den Körperbereich abreagiert werden: nicht selten treten sie von dort her als psychosomatische Störungen in Erscheinung, als Körperkrankheiten, deren Ursachen in Gemütsirritationen liegen. Das Sich-kränken-müssen in der Kindheit macht im späteren Leben krank.

Auf diesem Wege kommt es zur *böswilligen* Lebenseinstellung, die nicht ein Naturbestandteil des Menschen, sondern ein Produkt mißlicher Lebensumstände in der Kindheit ist. Das gedemütigte und erniedrigte Kind kann böse und destruktiv werden. Rücksichtslosigkeit, mangelnde Sensibilität für das Kind, Verwahrlosung und Verständnislosigkeit der Eltern leiten eine Entwicklung ein, die das Kind von der zärtlichen Kooperation mit den Mitmenschen gänzlich entfernt. Schließlich gelangt das Kind dazu, in seinem Verlangen nach Zärtlichkeit etwas Schädliches und Unvorteilhaftes zu sehen. Es glaubt, unter Feinden zu leben, und beginnt sich demgemäß zu verhalten. Dies mündet in die negativistische Charakterstruktur ein: man findet nachher Menschen im Leben, die Angst vor der Zärtlichkeit haben und alle Gesten der Freundlichkeit und Liebe, die ihnen seitens der Umwelt entgegengebracht werden, dauernd mißdeuten. Sie können dem Hexenkreis nicht entrinnen, den die frühe Persönlichkeitsformung (resp. Deformation) geschaffen hat. Da sie zutiefst an Selbstverachtung leiden, können sie nicht annehmen, daß man sie achten und schätzen kann: sie leben ständig in Abwehrhaltungen, die sie in ihrer Kindheit unter dem Eindruck von psychischer Not und Zwang starr und unabänderlich aufgebaut haben.

Dies ist die Crux in der sozialen Entwicklung des Menschen, an der Erziehung und Kultur maßgeblich sündigen. Damit wird die «Menschwerdung des Menschen» beeinträchtigt; *Sullivan* sagt hierüber: «Die Richtung und Eigentümlichkeit, die dem Selbst in Kindheit und Jugend verliehen wurden, werden lebenslänglich beibehalten, auch bei allergrößten Mißständen, so daß die Menschen unserer Kultur... infolge der unangemessenen und unglücklichen Erfahrungen ihrer Jugendjahre nur eine unglückselige Karikatur dessen werden, was sie hätten werden können» (Psychiatry, Vol. VIII, No 2, 1945, S. 191).

Formung und Umformung des Geschlechtscharakters

Ebenso wie «gut» und «böse» Erziehungsprodukte sind, werden auch die Geschlechtscharaktere durch den erzieherischen Prozeß gebildet. Auch hier ist eine ganze Mythologie zu zerstören, um einer unbefangenen Betrachtung Platz zu machen. Bis in die Gegenwart hinein herrscht hinsichtlich der Eigentümlichkeiten von Mann und Frau ein phantastisches Denken vor. Mit ziemlich willkürlichem Dualismus hat man positive und negative Eigenschaften einer postulierten «männlichen» und «weiblichen» Natur zugeschrieben. Die Frau erhielt hierbei im Sinne der patriarchalischen Vorrangstellung des Mannes im wesentlichen die Untugenden zugeteilt; der Mann nahm für sich Weisheit, Tapferkeit, Intelligenz, maßvolles Denken und Handeln, Zuverlässigkeit usw. in Anspruch. Auch sich «wissenschaftlich» gebende Arbeiten über Geschlechterpsychologie kommen kaum über den Ansatz von *Aristoteles* und *Thomas von Aquino* hinaus, die behaupteten, daß die Frau im Grunde ein «verkleinerter Mann» sei und hauptsächlich durch ihre «Mängel definiert werden könne». Noch in der Psychoanalyse treibt dieses Vorurteilsdenken seine Blüten, wenn *Freud* zum Beispiel als maßgeblichsten

Charakterzug des «Weibes» (wie er zu schreiben pflegt) den *Penisneid* erwähnt. Andere psychoanalytische Autoren haben in der Nachfolge des Meisters der Frau einen primären «Masochismus», «Infantilismus» und dergleichen zugedacht.

Eine kritische Entwicklungspsychologie wird auch hier versuchen, die *erworbenen* Wesenszüge in ein helles Licht zu rücken. *Sullivan* neigt dazu, alle seelischen Verschiedenheiten von Mann und Frau als *kulturell bedingt* anzusehen. Die biologische Verschiedenartigkeit besteht ohne Zweifel; aber sie hat auf das Psychische keinen maßgeblichen Einfluß. Die Kirchenväter lehrten zwar, daß das «ganze Weib im Uterus» enthalten sei; man ist aber den Nachweis schuldig geblieben, wie das Vorhandensein von Eierstöcken, Gebärmutter und Scheide das Seelenleben prägen könnte. Wir befinden uns auf sicherem Boden, wenn wir entwicklungsmäßig die Bedingungen zur Ausbildung von Geschlechtscharakteristiken aufsuchen. Hierbei stoßen wir auf dieselben Prozesse, die das «gute Ich» oder das «Selbst» aufbauen. Schließlich haben die Eltern ihre Vorstellung darüber, wie ihr Kind – Knabe oder Mädchen – werden soll. Sie werden daher alles, was in dieses Konzept paßt, ermutigen; Unpassendes wird unterdrückt. So geht es mit allen Lebensäußerungen des Kindes. Ein Knabe, der weint, wird immer Mißbilligung finden. Ein weinendes Mädchen beunruhigt die Erzieher nicht. Puppenspiel ist für Mädchen, Soldatenspiel für Knaben. Auf Bäumen herumklettern, Streiche verüben, Lausbübereien anzetteln: alles «Rollen» für «das starke Geschlecht». «Bravsein», das Puppenbaby wickeln und anziehen, Koch-Versuche machen: alles «Rollen» für «das schwache Geschlecht». Unter erzieherischem Druck nimmt das werdende Menschenkind das Rollenverhalten an, das ihm Erzieher und Gesellschaft als «seiner Natur gemäß» vorschreiben. Später kommt Imitation des gleichgeschlechtlichen Elternteils hinzu: man will so wer-

den wie Papa oder Mama. Die Gemeinschaft der Kinder und Jugendlichen akzentuiert noch diesen Prozeß.
Aus dieser entwicklungspsychologischen Sicht werden auch die Fehlschläge in der Entfaltung des Geschlechtscharakters verständlich. Die Homosexualität etwa ist ein solcher Fehlschlag, der auf typische, irreleitende Entwicklungsbedingungen zurückgeführt werden kann.

Das Knaben- (Mädchen-) Alter

Die Kindheit reicht nach *Sullivan* bis zum 6. oder 7. Lebensjahre; sie wird abgelöst durch das Knabenalter, welches bis zu jenem Zeitpunkt dauert, in dem der Jugendliche einen Freund sucht (8. bis 10. Jahr).
Diese Entwicklungsphase ist eine Zeit, in der das Menschenkind im eigentlichen Sinne des Wortes *sozial* wird. Die Begrenzungen und Besonderheiten des Elternhauses werden teilweise «überwachsen». Der Kontakt mit Gleichaltrigen schaltet Exzentritäten aus, die unter dem Druck der Familienerziehung entstanden. Überschreiten diese jedoch ein durchschnittliches Maß, dann kann die Einfügung in die soziale Gruppe der Altersgenossen sehr erschwert sein. Verwöhnung, Härte und Strenge, Verständnislosigkeit der Eltern schaffen ein charakterliches Fundament, auf dem weitere Entwicklungen nur unter großen Komplikationen einsetzen können.
Die *Schulgemeinschaft* hat jedoch immer eine bedeutsame erzieherische Funktion. In ihr lernt der Jugendliche soziale Anpassung wie auch Einordnung. Neue Autoritäten tauchen auf, die von denjenigen des Elternhauses verschieden sind. Mit ihnen (z. B. den Lehrern) muß sich der Jugendliche zurechtfinden, wobei ihm das Beispiel seiner Kameraden im Guten wie im Schlechten zur Orientierung verhilft.

Der wirksamste Beitrag des Knabenalters zur seelischen Entwicklung ist die soziale Anpassung. Der mitmenschliche Horizont des Kindes – hinsichtlich möglicher Verhaltensweisen und Lebensformen – weitet sich enorm aus. Die kindliche Persönlichkeit wächst mit dem Maß und der Mannigfaltigkeit ihrer zwischenmenschlichen Erfahrungen.

Ein wesentlicher Aspekt dieses Alters ist die Tatsache, daß nunmehr das Format der Eltern von der frühkindlichen Überschätzung auf ein realistisches Niveau zurückgeht. Dem Kinde gelten Vater und Mutter noch als «überlebensgroße Figuren» – klüger, besser, tüchtiger, einflußreicher als alle anderen Menschen. Nun dienen andere Erwachsene aus dem Gesichtskreis des Jugendlichen als Vergleichsmaßstab (z.B. Lehrer, Verwandte usw.) – die als gottähnlich empfundenen Eltern schrumpfen damit auf menschliche Dimensionen zusammen. Haben sie in der Erziehung auf angemaßte Autorität verzichtet, so wird dies der kindlichen Beziehung zu ihnen keinen Abbruch tun; autoritäre Erzieher jedoch werden in dieser Phase von ihren Kindern durchschaut und radikal abgewertet, was manche Krisen im Gefolge hat.

Die soziale Situation in der Schule ist leider heute noch nicht dazu angetan, den Gemeinschaftssinn des Kindes in jeder Form zu kräftigen. Die allgemein vorherrschende Erziehung zum Wettbewerb (Rivalität) lockert die kaum geknüpften sozialen Bande. Jeder wird jedermanns Rivale angesichts des Notenproblems, der Auszeichnungen, Promotionen. Dieser überall – zu Hause wie in der Schule – ermutigte *Ehrgeiz* kann destruktive Formen annehmen; in der Praxis führt er zu Ichhaftigkeit, «Egoismus», Gleichgültigkeit gegenüber dem Schicksal anderer. «Immer an der Spitze stehen wollen» ist ein Charakterzug, der in unserer vom Machtwahn zerfressenen Kultur häufig angetroffen wird; dem infantilen Ehrgeiz opfern Menschen in

Spitzenpositionen die Wohlfahrt der Völker, den Frieden und die Weiterentwicklung der Gesellschaft. Hierzu gibt die Geschichte ebenso anschauliche wie abschreckende Beispiele.

Entwicklung des Bewußtseins

Im Knabenalter wird mit der sozialen Anpassung eine erhöhte Kontrolle der Bewußtseinstätigkeit erworben. Das Schulleben ist darauf gerichtet, die Reste von «Autismus» (Selbstbezogenheit) auszulöschen und dem Kinde soziale Ausdrucksweisen und Verhaltensmuster zu vermitteln. Der schulische Zwang, «richtig» zu reden, denken, lesen, handeln usw., überdeckt kindliche Verhaltensformen, die nur noch als «verdrängte» Prozesse (in Tagträumen) weiterleben können. Der auffällige Fortschritt, den das Kind in dieser Entwicklungsperiode in Richtung auf angepaßtes, realitätsgerechtes Benehmen macht, hat die Psychoanalyse dazu verleitet, von einer «sexuellen Latenzzeit» zu sprechen. Man wollte damit zum Ausdruck bringen, daß das Kind auf ein Stück «Ichhaftigkeit» verzichtet (welche, der Theorie zuliebe, als «sexuell» mißverstanden wurde). Sieht man von der Sexualmythologie ab, so bleibt lediglich die Feststellung, daß das Kind in diesem Alter vermehrte Geschicklichkeit im Aufbau zwischenmenschlicher Beziehungen gewinnt.
Die Abkehr von kindlichen Vorstellungs- und Verhaltensformen stärkt das Selbstsystem des Heranwachsenden. Aus dem Beispiel von Kameraden und Lehrern ergibt sich Anschauungsmaterial für immer bessere Realitätsanpassung. Das ganze Denken und Fühlen des Kindes wird von *syntaxischen* Prozessen durchdrungen: das Kind will sich verständlich machen und erlangt hierbei reichere und differen-

ziertere Ausdrucksmöglichkeiten, die ihm vordem verschlossen waren.
Die Entfaltung der Bewußtseinstätigkeit soll dem Erwerb von Wissen und Kenntnissen dienen. Es ist hier nicht der Ort zu untersuchen, ob die Schule in ihrer heutigen Form der kindlichen Wißbegierde geeignete Nahrung liefert: *Sullivan* äußert diesbezüglich erhebliche Bedenken. Aber ungeachtet dessen soll doch zugegeben werden, daß das Kind im Schulbetrieb lernt, von kindlichen Wunschphantasien abzurücken und sozial akzeptable Denkmethoden anzunehmen, die ihm Orientierung und damit auch Sicherheit im gesellschaftlichen Bereich ermöglichen.
In nicht allen Fällen ist dieser Übergang gut zu bewerkstelligen. Vernachlässigte und emotionell isolierte Kinder bauen sich früh eine eigene Welt auf, innerhalb deren für sie Phantasiegegenstände «realer» sein können als die wirkliche Umwelt. Überwuchert diese Einbildungskraft, ohne daß in der Familie ein Korrektiv dagegen vorhanden ist, so ist später der Erwerb des allgemeinverständlichen und allgemeingültigen Denkens und Handelns behindert. Diese Stufe der Entwicklung macht dann dem Kinde Schwierigkeiten, vor allem wenn es in seinen vorangehenden Versuchen, Information und Einsicht zu erlangen, von ungeschickten Erwachsenen entmutigt worden ist.
Die Erwachsenen wünschen zwar immer Realitätszuwendung des Kindes, aber ihre Erziehungsmethoden – Spott, Auslachen, Erniedrigungen, Anlügen, «Witzeln» usw. – treiben das Kind in seine Phantasiewelt zurück, wo es sich sicherer und geborgener fühlt. Einzige und unverstandene Kinder sind so von Isolierung bedroht. Ihr Verlangen, sich mitzuteilen, verkümmert, wenn sie öfter erfahren müssen, daß man sie ohnehin mißversteht. Solche Kinder wirken dann in der Schulgemeinschaft als «Sonderlinge», werden auch als solche behandelt und laufen Gefahr, in der Schule wie im späteren Leben Einzelgänger zu werden.

Weitere Züge des Knabenalters

Indem das Selbst des Knaben weiter und umfänglicher wird, bildet es «Sub-Persönlichkeiten» aus, die im Dienste der Lebensanpassung stehen. Alles Tun und Lassen wird genauer Bewußtseinskontrolle unterworfen. In der Gesellschaft der Gleichaltrigen will man sich keine Blöße geben und sich nicht blamieren. Aus diesem Grunde werden innerhalb des Selbst *Muster der Selbstkontrolle* aufgebaut, die in zunehmendem Maße das Verhalten überwachen. *Sullivan* spricht in diesem Zusammenhang von «imaginären Teilpersönlichkeiten», die jeder in sich trägt und die sein Agieren in der Gemeinschaft mitbestimmen. So muß jeder, der richtig sprechen will, einen inneren «Hörer» haben, der mitanhört, was er sagt und sagen will. Wer gut schreiben möchte, bedarf eines inneren «Lesers», der gleichzeitig mitliest, was geschrieben wurde. Wer in der Öffentlichkeit auftritt (was im Grunde jedermann tut), muß einen inneren «Zuschauer» haben, der die Meinung der Anderen im Auge behält und dem eigenen Verhalten Maß und Mitte gibt. – Diese Teilpersönlichkeiten sind direkte Abkömmlinge bedeutsamer Umweltspersonen, die einst dem Kinde als erste Kritiker und Förderer gegenübertraten: das Kind hat an ihnen seine Selbsteinschätzung erworben und wird nun von dieser abhängig sein, wenn es sich in das Abenteuer sozialen Handelns einläßt.

Aber nicht nur die Eltern bestimmen das Selbstwertgefühl des Heranwachsenden. Seine Position im Rahmen der gleichaltrigen Gemeinschaft wird ebenfalls wesentlich. Mut und Entmutigung des Knaben hängen sichtlich davon ab, ob er unter seinesgleichen populär oder unpopulär ist. Dies wird unter anderem durch die Eigenschaften: sportlich tüchtig oder untüchtig, klug, durchschnittlich oder dumm, Anführertyp usw. bestimmt; vor allem die Geschicklichkeit im Umgang mit Anderen (in der Familie eingeübt) ist

für die Einschätzung maßgeblich. Glück und Gedeihen des Jugendlichen laufen mit seiner Bewertung in der Gruppe parallel – kann keine feste Wertbeziehung zur Kinder-Umwelt aufgebaut werden (durch ungünstige Familieneinflüsse, Krankheiten, schlechten Ruf der Eltern, häufigen Wechsel des Wohnortes und der Schule), so ist die gesunde Entwicklung der Persönlichkeit problematisch.
Der Eigenwert des Kindes ist am ehesten gewährleistet, wenn es frühzeitig lernt, auch Andere zu schätzen. Selbstachtung und Achtung Anderer ist im Grunde eine einheitliche Haltung. Oft werden Kinder von unverständigen Erziehern dazu angeleitet, andere Menschen zu mißachten, herabzuwürdigen, zu erniedrigen. Der hochmütige Zug der Eltern überträgt sich auf das Kind. Als Opfer solcher Hochmütigkeit können Verwandte und Bekannte, Nachbarn und Fremde fungieren. Besonders hilfreich für Techniken der Geringschätzung ist das Bestehen stereotyper Denk- und Urteilsformen, an denen unsere Kultur keinen Mangel hat. Denkschemata wie: «die Frau», «die Nachbarvölker», «die Neger», «die Juden», «die Kommunisten» usw. sind voll von gehässigen Verallgemeinerungen, die das Kind aufnimmt und gläubig in den Schatz seiner Überzeugungen einmauert. Die später im Menschen anzutreffenden Vorurteile haben hier ihren Ursprung und sind schwer korrigierbar, weil sie der kleinmütig-stolzen Persönlichkeit als Podest dienen.
Faßt man den Sinn des Knabenalters mit *Sullivan* so auf, daß es dem Kinde eine erste *Lebensorientierung* bieten soll, so erkennt man, daß in unserer Kultur diese Aufgabe noch recht mangelhaft gelöst wird.

Die Vorpubertät

Das Knabenalter wird durch die Vorpubertät abgelöst, welche vom 11. bis zum 13. Lebensjahre dauert. In dieser Epoche beginnen neue Bedürfnisse aufzutreten. Das Wichtigste davon ist das Verlangen nach einem intimen Freund des gleichen Geschlechtes. Hier setzt nach *Sullivan* erstmals die Liebe im Leben ein. Diese ist ein Resultat der Reife, Entwicklung und Erfahrung. Zuvor haben die Kinder wohl schon liebe-ähnliche Gefühle zu ihren Eltern; aber diese «Liebe» ist noch mehr oder minder egozentrisch. Nun bekommt der Freund für den Freund höchste Bedeutung in allen entscheidenden Fragen; man wird in dieser Freundschaftsbeziehung im gleichen Maße Geber wie Empfänger. Eine solche Beziehung trägt wesentlich zur seelischen Entfaltung bei.

Liebe ist also nach *Sullivan* ein Produkt der Entwicklung in der Vorpubertät: sie ist eine Art integrativer Tendenz, die auf persönliche Nähe und Vertrautheit gerichtet ist. Sie hat zunächst nichts mit dem Sexuellen zu tun und muß auch im späteren Leben keine sexuellen Beimengungen haben. Intimität bedeutet in diesem Sinne nur eine Situation zwischen zwei Menschen, die ihnen eine möglichst vollständige Selbstverwirklichung gestattet, indem der eine dem anderen in jeder Beziehung gut gesinnt ist. Damit wird über die Kooperation (Zusammenarbeit), die für das Knabenalter noch charakteristisch ist, hinaus die Kollaborationsfähigkeit erworben, die Fähigkeit nämlich, in der Kategorie des «Wir» zu denken und zu fühlen. Die Anpassung des eigenen Verhaltens an die Bedürfnisse der Anderen macht große Fortschritte; dadurch kommen Bewußtseinsprozesse in Gang, die die Enge des ichhaften Erlebens sprengen und neue Brücken zur Umwelt schlagen. In den Worten *Sullivans:*

«In dieser Periode des Lebens offenbart sich eine wirkliche

Gemeinschaftlichkeit. Sobald jemand erkennt, daß seine ichhaften Eigentümlichkeiten, seine Gedanken, seine Persönlichkeit mit jemand anderem verglichen werden können (im Sinne einer Gegenüberstellung), beginnt man sich menschlich zu fühlen in einem Maße wie nie zuvor. Man wird menschlicher darin, daß man die allgemeine Eigenart der Menschen zu schätzen beginnt – eine neue Sympathie für den Mitmenschen erwacht, sei er nun gegenwärtig oder bloß indirekt faßbar durch Geographie oder dergleichen. Mit anderen Worten, das Gefühl des Menschseins ist einer der Aspekte der Ausweitung der Persönlichkeit, die in der Vorpubertät erscheint. Lernen auf dieser Stufe heißt, die Persönlichkeit mit Bereitschaften auszustatten, sich Befriedigung zu verschaffen und Sicherheit zu erhalten in zwischenmenschlichen Beziehungen für das ganze weitere Leben» (Conceptions, S. 20/21).

Man kann den Beitrag der Vorpubertät zur Persönlichkeitsbildung nicht hoch genug einschätzen. Die intime Beziehung zu einem (ziemlich) Gleichaltrigen korrigiert viele Deformationen des Selbstsystems, die in der Familie entstanden sind. Freunde bestätigen einander ihr Selbstwerterleben und tragen so wechselseitig zur Förderung des Sicherheitsgefühles bei. Die hierbei erscheinende Liebe zum Du mildert die Wettbewerbsstrebungen, die im Knabenalter im Vordergrund stehen. Auch lernt das Kind in dieser Periode, sich mit Angehörigen des eigenen Geschlechtes wohl zu fühlen, was für die seelische Gesundheit von großer Tragweite ist. Bei Homosexuellen zum Beispiel findet man oft einen Ausfall dieser Stufe: die homosexuelle Neigung sucht dies im späteren Leben auf pathologischer Ebene auszugleichen.

Gefahren und Chancen der Vorpubertät

Die Vorpubertät ist nach *Sullivan* besonders geeignet, Entwicklungsmängel auszugleichen. Die größere Nähe zu einem Mitmenschen (dem Freund) läßt Lücken der Persönlichkeitsstruktur deutlich und auch schmerzlicher manifest werden. Verzerrte Lebenseinstellungen (Parataxien) und autistische Selbsttäuschungen werden zum Problem und können unter Umständen abgebaut werden. Wie bei allen Übergängen in der Entwicklung tritt eine allgemeine Auflockerung der Persönlichkeit ein, die für Änderungen günstig ist. Aus der Freundschaft heraus lernt zum Beispiel der Jüngling, sich mit anderen Menschen auf eine Stufe zu stellen: was er in der Familie eventuell nicht gelernt hat. Selbst «böswillige Umwandlung der Persönlichkeit» kann in vorpubertären Beziehungen gemildert werden: nicht selten kommt es zu Bandenbildungen zwischen halb-verwahrlosten Jugendlichen, die ein Stück Geborgenheit vermitteln und darum die spontane Selbstheilungstendenz der Psyche aktivieren. Auch in der Gruppe der mehr oder minder Asozialen kann Kontaktgefühl eingeübt werden; häufig jedoch können «Banden» das Elternhaus in seinem Einfluß nur kümmerlich ersetzen, da geschädigte Jugendliche in der Regel einander noch weiter in die Verwahrlosung treiben.

Die Freundschaft in der Vorpubertät ist demnach ein wichtiger Schritt in der Selbstfindung des Jugendlichen. Er lernt sich gleichsam mit den Augen eines Anderen sehen. Dadurch gewinnt er Abstand zu sich selbst und kann an seinem Charakter zu arbeiten beginnen.

Gefährlich jedoch wird diese Epoche für jenen, der keine Freundschaft in ihr gestalten kann. Solche Jugendliche erleben in diesem Entwicklungsalter die ganze Tragik der *Einsamkeit*. Diese ist psychopathologisch von großer Bedeutung: nur die Angst kann mit ihrem zerstörerischen

Einfluß verglichen werden. In allen Phasen der Entwicklung ist menschlicher Kontakt unentbehrlich. Schon das Kleinkind braucht «Körperkontakt» ebensosehr wie Nahrung und Pflege. Später will das Kind beachtet, angesprochen, gelobt und anerkannt werden. Aus den zwischenmenschlichen Erfahrungen schafft es sein Selbst, das Zentrum seines Strebens und Handelns. Im Knabenalter wird Freundschaft gesucht, um das Bedürfnis nach Selbstbestätigung durch ein Du zu befriedigen. Später kommt die Intimität hinzu, das Gefühl der Liebe, das am besten geeignet ist, die Daseinsangst und das Erlebnis der eigenen Nichtigkeit zu beschwichtigen, das in dieser Epoche (in der die sexuellen Nöte ins Persönlichkeitsgefüge einbrechen und das gesteigerte Wachstum mit allen psychischen Begleiterscheinungen den Jugendlichen zutiefst beunruhigt) sehr aktuell ist.

Die Furcht vor der Einsamkeit ist in allen Menschen vorhanden, da im Fehlen der zwischenmenschlichen Partnerschaft sozusagen alle wesentlichen Bedürfnisse des Menschen unbefriedigt bleiben. Daher können Unlust und Spannung im Vereinsamten Dimensionen annehmen, die schier unerträglich sind. Das Selbst, das zu seinem Weiterbestehen immer der Zustimmung von seiten der Umwelt bedarf (es stammt ja vom «guten Ich» ab, welches die Verkörperung bejahter Strebungen des Kindes enthält), desintegriert, zerfällt und geht auf primitive Verhaltensmuster zurück: daher die Gefahren von Neurosen, Schizophrenien, Verbrechen und Selbstmord vor allem in der Pubertät; dies immer bei Jugendlichen, die sich mehr oder minder gänzlich von ihrer Umgebung abgewandt haben.

Die Pubertät

Die wichtigste Tatsache der Pubertät ist das Erwachen des Sexualtriebes. Vom 13. Lebensjahr an aufwärts (auch schon früher) rückt er in den Mittelpunkt der Interessen des Jugendlichen. Dieser muß sich mit dem Trieb auseinandersetzen, den er als drängendes Bedürfnis empfindet, für welches es zunächst keine adäquate Befriedigungsmöglichkeit gibt. Die Onanie ist die erste Abreaktion, die – zum Teil durch Altersgenossen angeregt, aber auch häufig spontan aufgenommen – vom Jugendlichen gefunden wird. Sie ist gewiß eine harmlose sexuelle Aktivität, aber in unserer Kultur durch massive Gebote und Verbote belastet. Viele junge Menschen zerfleischen sich in Selbstvorwürfen, weil ihnen ihr «heimliches Laster» als Todsünde erscheint. Die Irrlehre von den schädlichen Folgen des Masturbierens ist immer noch im Umlauf. Sie wird vor allem bei jenen Jugendlichen Angst- und Schreckzustände hervorrufen, die durch die vorangehende Erziehung in der Familie die ganze Körperregion, in der sich die Sexualorgane befinden, ins «Nicht-Ich» abdrängen mußten. Damit wird die Zone des Leibes, die für die spätere sexuelle Intimität maßgeblich sein wird, aus dem Körpererleben ausgeschaltet. Entsprechend der räumlichen Nähe der Exkretionsorgane (Kot, Urin) wird sie als «schmutzig» empfunden. Theologische Vorurteile tragen ein weiteres dazu bei, sie ins Tierische, Untermenschliche zu verweisen.

Damit fällt für viele Menschen die Sexualität als integrative (kontaktfordernde) Tendenz aus: ungeachtet dessen kann der Intimitätswunsch durchaus entfaltet sein. Hieraus läßt sich erkennen, daß Sexualbedürfnis und Bedürfnis nach menschlicher Nähe nicht parallel laufen müssen: faktisch werden sie von Angehörigen unserer Kultur nicht selten getrennt, ihre Synthese mißlingt infolge erzieherischer Deformation (Impotenz, Frigidität, Prostitution usw.).

In der Pubertät sollen Liebes- und Freundschaftsgefühle auf das *andere* Geschlecht übertragen werden. Auch diese Entwicklung ist für die seelische Gesundheit unentbehrlich. Das Interesse für den andersgeschlechtlichen Teil der Menschheit wird im Jugendlichen lebendig: die Gespräche der Jünglinge und Mädchen in diesem Alter legen Zeugnis davon ab.

Auch hier können dem Jugendlichen Barrieren in den Weg gelegt werden, an denen seine Entwicklung zu Fall kommt. Unsere prüde, puritanische Kultur billigt Freundschaften zwischen Gleichgeschlechtlichen, sie fürchtet jedoch die Beziehung zwischen Burschen und Mädchen. Das sexuelle Tabu und die Heimlichtuerei verunmöglichen es den Eltern, offen mit ihren Kindern über die Gefahren des Liebeslebens (Schwangerschaft) zu sprechen: das Unausgesprochene und allzeit Beängstigende wird nur mit vagen «Warnungen» angedeutet, die der innerlich abhängige und unreife Jugendliche als Verbot der Aufnahme liebevoller Beziehungen zum anderen Geschlecht deuten muß. Für manche heißt dies nichts anderes als *Stillstand* auf der Vorpubertätsstufe; in einer Art von unbedingtem Gehorsam werden die elterlichen Gebote unbewußt akzeptiert. Wenn dann der sexuelle Drang imperativ Ausdruck verlangt, so findet er die Anziehungskraft durch die Gleichgeschlechtlichkeit (Homosexualität), in die er dann notwendigerweise einmündet. Die Erziehung hat damit sehr kostspielig die Gefahr sexueller Beziehungen von Junge und Mädchen abgewendet.

Sexualprobleme

Da viele Jugendliche aus ihrer Kindheit eine «primäre Genitalphobie» mitbringen und eine unbewußte Angst vor allem haben, was mit dieser Zone des Lebens und Erlebens zusammenhängt, müssen die ersten Anpassungsversuche in diesem Bereich meistens fehlschlagen. Darauf ist der junge Mensch in der Regel nicht vorbereitet. Die unter größten Erwartungen aufgenommenen ersten Geschlechtsbeziehungen enden in einer schmerzlichen Enttäuschung; Ejaculatio praecox (vorzeitiger Samenerguß) kennzeichnet die Ouvertüren des Liebeslebens. Sofern dies nicht als «Durchgangsphase» der sexuellen Entwicklung erkannt wird, erschrickt der Betroffene und sieht sich bereits als unmännlich, impotent: tatsächlich kann von hier aus Impotenz einsetzen als Folge des erschütterten Selbstvertrauens, das sich vom ursprünglichen Schock nicht mehr erholen kann.

Andere Jugendliche geraten in die Konflikte zwischen Liebe und sexuellem Bedürfnis. Die Freundin, der sie ihr Gefühl zuwenden, soll bis zur Eheschließung «rein» bleiben. Da der sexuelle Wunsch aber gleichwohl unabweisbar ist, wird nach altem kulturellem Muster die Unterscheidung von «guten» und «schlechten» Frauen durchgeführt: erstere für die Liebesgefühle, letztere für die Befriedigung der Sexualität bestimmt. Diese Dissoziation von Gefühl und Trieb, die in den letzten Jahrzehnten infolge der erotischen Emanzipation der Jugend wesentlich abgenommen hat, war eine der Ursachen für die Blüte der Prostitution und die Ausbreitung der Geschlechtskrankheiten. Sie hat zur «doppelten Moral» geführt und bis in die Ehe hinein die Beziehungen der Geschlechter vergiftet.

Nicht nur die Onanie, auch nächtliche Pollutionen (Samenergüsse) ängstigen unaufgeklärte Jugendliche. Bei massiver Sexualverdrängung kann es vorkommen, daß der Sexualtrieb aus der «Abspaltung» heraus das schwache Ich des Jugendlichen dauernd bedroht: diese Bedrohung wird auf die Frau als eigentliche Ursache projiziert, womit paranoide Dynamismen in Gang kommen können. Solche Jugendliche fühlen sich von Frauen verfolgt, begehrt, umgarnt und verführt. Oft ist hier großenteils Einbildung im Spiel. Das sich sexuell Ausgeliefertfühlen ist nur ein Spiegelbild der Verdrängungen: kulturgeschichtlich hat diese männliche Selbsttäuschung zum Massenmord der *Hexenprozesse* geführt, in denen Hunderttausende unschuldiger Frauen verbrannt wurden.

Die Angst vor der Sexualität, vor der Beziehung zum weiblichen Geschlecht überhaupt gibt zu den Ausweichstaktiken des Exhibitionismus, des Voyeurtums, des Fetischismus, der Sodomie usw. Anlaß. Andere Ausweichertypen sind die «ewigen Junggesellen», der «Don-Juan-Typ» (oder Hymen-Jäger, wie ihn *Sullivan* nennt), der Homosexuelle. Hält man sich vor Augen, daß der Lust-Dynamismus (die sexuelle Begierde) als letzter Bedürfnisfaktor in der Persönlichkeitsentwicklung auftritt, so erkennt man, daß seine Einfügung ins zwischenmenschliche Leben die Krönung aller Bestrebungen zur Reife und Mitmenschlichkeit darstellt. Die Unterdrückung dieses Dynamismus hemmt alle menschlichen Gefühle. Dadurch werden die Menschen voneinander isoliert; aus dem Gegensatz der Geschlechter strahlen viele Spannungen auf das Gemeinschaftsleben aus und wirken dort verheerend. Für *Sullivan* besteht kein Zweifel, daß die Unzulänglichkeit unserer Erziehung und unserer Moralvorstellungen das Glück der Mehrzahl aller Menschen beeinträchtigt und Lebensschwierigkeiten schafft, die vermieden werden könnten.

Das Erwachsenwerden (Adoleszenz)

Erwachsenwerden ist die letzte Etappe in der menschlichen Entwicklung. Hier ist keine biologische, sondern nur noch soziale Reifung mit im Spiel. Der Übergang zur angemessenen sexuellen Aktivität, der Aufbau beruflicher und zwischenmenschlicher Beziehungen ist die Aufgabe dieser Reifungsperiode.

In dieser Zeit wächst das Ausmaß syntaxischer Erfahrung. Lernprozesse, Umgang mit aller Welt, Gedankenaustausch usw. vollenden die Erziehung, vorzüglich durch Ausweitung der Interessen, wobei Gelegenheit geboten ist, die eigenen Begrenzungen zu überwinden. Persönliche Erfahrungen können – unter günstigen Umständen – mit allgemeingültigen verglichen und korrigiert werden. Die Integration des Menschen in die Gesellschaft kann sich vollziehen. Die Übernahme einer verantwortlichen Lebensführung gibt dem Leben Ziel und Richtung.

Das Scheitern in dieser Etappe ist Resultat unglücklicher Entwicklungsprozesse in den vorangehenden Perioden. Bei allen Fehlanpassungen muß die *Angst* gesucht werden, die ihnen zugrunde liegt. Die sorgfältige Diagnose der Angstquellen leitet dazu an, die zumeist nur dunkel gefühlten Unangepaßtheiten durch adäquatere Verhaltensmuster zu ersetzen. Es hat keinen Wert, seelisch unausgeglichene oder irritierte Menschen mit «Willensmaximen» anzueifern; ihr Wille reicht gar nicht in die Regionen, aus denen die Angst aufsteigt, und erst die vermehrte Selbsterkenntnis gibt durch wachsende Einsicht in die Dynamik zwischenmenschlicher Prozesse die Möglichkeit, Ängste zu überwinden. In vielen Fällen ist nur die Psychotherapie in der Lage, grundlegende Persönlichkeitsänderungen einzuleiten.

Zur menschlichen und sozialen Reife gehört auch Weltoffenheit, welche für *Sullivan* mit Vorurteilsfreiheit identisch ist. Dazu ist vor allem die Überwindung von stereotypen Denkschemata nötig, Schablonen-Denken, welches Intoleranz, Furcht, Haß und Aversionen erzeugt. Das affektiv gefärbte Bild, das sich viele Zeitgenossen vom Neger, Russen, Deutschen, Chinesen, Juden, der Frau usw. machen, projiziert eigene Unzulänglichkeiten auf den diskriminierten Bevölkerungsteil: Angst und erschlichene Selbsterhöhung sind die Triebkräfte dieses Vorurteils-Schematismus. Je mehr Angst in einer Persönlichkeit ist, um so eingeschränkter ist ihre innere Freiheit: trotz Abwehrmanövern bricht Ängstlichkeit an allen Ecken und Enden in die Lebensführung ein. Dadurch entstehen Spannungen, die als «Nervosität» mißverstanden werden: körperliche und seelische Krankheiten können daraus resultieren.

Die gesunde Persönlichkeitsentwicklung jedoch ist durch relative Angstfreiheit, menschliche Reife und Selbstachtung gekennzeichnet. *Sullivan* betont nachdrücklich, daß Achtung gegenüber Anderen nur aus der Selbstachtung erwächst: eines kann ohne das Andere nicht sein. Geringschätzung oder Mißachtung Anderer (schlechthin) ist immer ein Zeichen eigener Schwäche und Selbstverachtung. Wer sich selber anerkennt, wird wenig Mühe haben, Andere zu anerkennen. Menschliche Reife liegt für *Sullivan* darin, Sensibilität für die Bedürfnisse Anderer zu entwickeln (im gleichen Maße wie für sich selbst), Einsicht in die eigenen Fähigkeiten und Begrenzungen zu erhalten und durch wachsende Erkenntnis und Bemühung an der Lösung persönlicher und allgemeinmenschlicher Probleme zu arbeiten. Mit dieser Sinngebung des menschlichen Lebens bekennt sich *Sullivan* zu einem integralen *Humanismus,* der die «Menschwerdung des Menschen» als eine Aufgabe und Möglichkeit jedes Einzelnen begreift.

PSYCHOPATHOLOGIE

Die Natur seelischer Störungen

Die Tiefenpsychologie hat uns gelehrt, im seelisch kranken Menschen dieselben Vorgänge und Reaktionsweisen zu erkennen wie im sogenannten «Normalen». Es handelt sich nur um quantitative Unterscheidungen: im Grunde sind es aber immer allgemeinmenschliche Reaktionen, die auch in schwersten Gemüts- und Geisteskrankheiten gefunden werden. Von dieser Betrachtung müssen natürlich alle Fälle wirklicher Schädigung des Nervensystems usw. ausgeschlossen werden. Hier interessieren nur im Gemüt verankerte Irritationen, die Gegenstand der seelenärztlichen Behandlung und Beeinflussung sind.

Die Schwierigkeit, Parallelen zwischen dem Seelenleben seelisch gesunder und kranker Menschen zu sehen, rühren zum Teil daher, daß in der Krankheit seelische Prozesse zum Vorschein kommen, die auf frühkindlichen Anpassungsmustern beruhen. Vom Erwachsenen längst verdrängte Gefühle und Gedanken beherrschen dabei das Feld. Daraus erwuchs die lange Zeit in der Psychiatrie anerkannte Lehre, daß zum Beispiel Geisteskrankheiten «unverständlich» seien; ihre Ursache müsse im Körperlichen liegen, weil das Verhalten solcher Patienten «uneinfühlbar» sei. *Sullivan* ist zutiefst davon überzeugt, daß Einfühlbarkeit auch in solchen Fällen möglich ist, wenn der Psychiater lernt, den Seelenzustand des frühen Kindesalters in seinen erwachsenen Patienten wieder zu entdecken; er muß allerdings auch lernen, in seinen eigenen Angst- oder Ermüdungszuständen etwa, in seinen Affektreaktionen und Träumen das Walten derartiger infantiler Mechanismen zu sehen, damit er sie bei seinem Patienten richtig deuten kann.

Die Entwicklungspsychologie ist demnach der Schlüssel zur Psychopathologie. Das Verständnis für die Kindererziehung – ihre Arten und Abarten innerhalb unserer

Kultur – ermöglicht erst zu verstehen, welche seelischen Deformationen durch ungünstige Kindheitserfahrung zustandegebracht werden können.

Im «Selbstsystem» haben wir bereits den Teil der Persönlichkeit kennengelernt, der durch erzieherische Billigung entstanden ist: alle sozial akzeptierten Tendenzen finden in ihm Einlaß und werden durch es ins zwischenmenschliche Leben eingebaut. Daneben bleibt ein Persönlichkeits-*Rest*, der der «Verdrängung» anheimfällt: je lebensfremder die Erziehung war, um so größer ist er. Dieser Teil wirkt dynamisch «unterschwellig» in der Lebensgestaltung mit, denn auch seine Tendenzen erstreben Befriedigung. Zumeist verhindert das Selbst dies, und nur im Schlaf und anderen Grenzzuständen des wachen Lebens können sich derartige Strebungen äußern.

Das Zusammenwirken von Selbst und restlicher Persönlichkeit (für die der Ausdruck «Nicht-Ich» eingeführt wurde) ist psychopathologisch äußerst wichtig. Man muß sich darüber klar sein, daß in zwischenmenschlichen Situationen immer *mehr* vor sich geht, als im Bewußtsein der Beteiligten erscheint. Die eigentliche Dynamik zwischenmenschlicher Beziehungen war *Sullivans* bedeutsamstes Problem. Er war unermüdlich im Aufdecken integrativer und desintegrativer Tendenzen, die dem Lebenslauf von uns allen die geheime Richtung geben. Beim Studium solcher Erscheinungen stieß er auf den emotionellen Persönlichkeitskern, aus dem Strebungen von Liebe, Zärtlichkeit, Haß, Neid, Eifersucht, Lust usw. aufsteigen: inwiefern diese die Menschen zusammen- und auseinanderbringen, inwiefern sie dem Gesunden wie dem Geisteskranken gemeinsam sind, wollte er durch seine Lehre auf breitester Grundlage darlegen.

Nochmals: Sublimierung

Die Schwierigkeiten des menschlichen Lebens können letztlich darauf zurückgeführt werden, daß der Mensch sowohl ein Geschöpf der Natur als auch der Kultur ist. Dieser doppelte Ursprung kann zu Zwiespältigkeiten Anlaß gegeben. Die natürliche Ausrüstung des Menschen ist in biologischen Antrieben gegeben. Diese erzeugen Bedürfnisspannungen und müssen – soll die Lebensfähigkeit erhalten bleiben – großenteils befriedigt werden. *Befriedigung* ist das Ziel aller triebhaften Prozesse im weitesten Sinne.

Die Kultur schaltet sich hier ein und spricht ein gewichtiges Machtwort. Auf dem biologischen «Unterbau» errichtet sie die kulturellen Verhaltensmuster, die je nach Zeit und Zone sehr variieren können. Die Prägung durch die Kultur schafft im Menschen künstliche Antriebe, überformt und verformt die natürliche Triebhaftigkeit in erstaunlichem Maße. Alles, was an Sitten und Gebräuchen überliefert wird, muß der Heranwachsende – selbst wenn es widersinnig und lebensfeindlich ist – in sich aufnehmen: er kann in keiner Weise den kulturellen Vorschriften entrinnen. Sofern er gemäß diesen lebt, gewinnt er *Sicherheit* im Umgang mit den Menschen; *Sicherheit* ist das Ziel alles kulturellen Verhaltens. Ein anderes Wort für Sicherheit ist *Angstfreiheit,* denn Angst entsteht für den Menschen in erster Linie durch die Gefahr, von seiten für ihn bedeutsamer (geschätzter) Menschen mißbilligt oder verachtet zu werden.

Hier eröffnet sich ein weites Feld möglicher Konflikte zwischen dem Wunsch nach Befriedigung und demjenigen nach Sicherheit. Darin ist die Tragik manchen Menschenlebens zu finden. Für viele Angehörige unserer (kranken) Kultur ist es schier aussichtslos, einen tragfähigen Kompromiß der beiden grundlegenden Strebungen zu finden.

«Sublimierung» im *Sullivan*schen Sinne ist der Versuch, dieses Problems Herr zu werden. Man muß hierbei nicht an die *Freud*sche geheimnisvolle Umwandlung von Sexualität in Geist denken; jeder Lernprozeß ist im Grunde das Verlassen alter Verhaltensmuster, die durch neue ersetzt werden. Dabei gewinnt man oft Sicherheit auf Kosten von Befriedigung – immerhin befriedigt das verbesserte Können in einer bestimmten Weise. Sofern anstelle von biologischen Antrieben *kulturelle* gesetzt werden, ist vielleicht die Befriedigung nur teilweise: *Sullivan* ist jedenfalls der Meinung, daß ein Stück Unbefriedigtheit verbleibt. Man muß sich fragen, was im Seelenleben mit Antriebsresten geschieht.

Um Angst zu vermeiden, wird also ein Persönlichkeitsanteil ins psychische Halbdunkel, ins Halbbewußte (Unbewußte) verwiesen. Dies findet in jedem Menschen tagtäglich statt. Oft weiß man gar nichts von diesen Vorgängen, die für das seelische Gleichgewicht so wesentlich sind. Sie arbeiten sozusagen am wirksamsten, wenn kein Bewußtsein dabei im Spiele ist.

Die hierbei «zu kurz» kommenden Strebungen des Menschen sind damit nicht aus der Welt geschafft. Sie müssen sich zum Beispiel im Schlaf entlasten: sie bilden Träume usw. Denn sobald das Selbst seine Funktion vermindert, hat das Zurückgedrängt-Seelische die Kraft, die Schwelle zum Bewußtsein zu überschreiten; die Gestalt, in der es in der Regel in Erscheinung tritt, ist so bewußtseinsfremd, infantil-primitiv, daß oft Angst, Schrecken, das Gefühl des Unheimlichen sein Auftauchen im Bewußtsein begleiten.

Zwangsdynamismen

Sublimierung ist ein echter Läuterungs- und Lernprozeß, der durchaus im Rahmen des Seelisch-Gesunden liegt. Anders die Zwangsdynamismen: sie beruhen nicht auf echter Auseinandersetzung mit biologischen oder sozialen Kräften, sondern setzen Scheinmanöver an deren Stelle. Dies wird vor allem im sprachlichen Bereich deutlich; Zwangscharaktere sind Meister in der Kunst, an Problemen *vorbei*zureden. Sie gebrauchen die Sprache nicht im Hinblick auf Verständigung: die ichhafte Sicherung ist ihnen wichtiger. Gewöhnlich stammen zwangskranke Menschen aus Familien, in denen ethisch-moralisches Gebaren entscheidender war als praktische Menschlichkeit; das Als-ob-Verhalten wird schon im Kindesalter eingeübt und dominiert in der späteren Zwangskrankheit.

Manches Zwangsdenken und -handeln gewinnt so den Anschein der «Vernünftigkeit», und der betreffende Patient ist auch jeweils bereit, darüber zu vernünfteln. In Wirklichkeit geht es dabei immer um die Vermeidung von Angst: um diese auszuschalten, beschäftigt sich der Zwangscharakter mit einer Fülle von Scheinproblemen, die ihn nicht in allzuenge Berührung mit dem Leben bringen können.

Ohne Zweifel können bei jedem Menschen «Zwänge» gefunden werden. Oft verfolgt uns geradezu das Bruchstück eines Liedes oder ein sinnloser Gedanke. Genaueres Studium würde zeigen, daß hier – wie so oft im Seelischen – auch im Sinnlosen *Sinn* vorhanden ist. Irgendwo funktioniert ein Anpassungsvorgang schlecht: die beunruhigende Lücke wird durch den Zwangsgedanken ausgefüllt. Auf diese Weise sind Zwangsdynamismen nicht unnütz, wenngleich sie einen primitiven (autistischen) Anpassungsmodus darstellen.

Wenn die Sublimierung (normale Lebensanpassung) versagt, müssen manchmal Zwangsdynamismen einspringen, um schlimmere Formen des Zusammenbruchs zu verhüten (z.B. Schizophrenie). Man darf nicht vergessen, daß jedes menschliche Verhalten als Manifestation des Selbst eine Richtung auf Gesundheit hat: auch das Krankheitssymptom ist so ein Stück weit eine Ermöglichung des Lebens unter eingeschränkten Bedingungen. Der Patient etwa, der fünfzigmal am Tage seine Hände wäscht (Waschzwang), sichert sich damit vor anderen Lebensaufgaben (Beruf, Liebe), denen er sich nicht gewachsen glaubt. Er hat so viel mit dem Händewaschen zu tun, daß ihm buchstäblich «für nichts anderes mehr» Zeit bleibt. In seiner Perspektive, die man als zutiefst von Angst und Unsicherheit beladen ansehen muß, hat er damit eine *Lösung* (wenn auch eine sehr prekäre) für seine Probleme gefunden.

Man hat früher viel von einer Verwandtschaft zwischen Zwangskrankheit und Schizophrenie gesprochen. Nach *Sullivan* muß man hier nicht übertreiben: im Grunde sind alle seelischen Krankheitsformen untereinander verwandt; sie verwenden dieselben seelischen Dynamismen, um Befriedigung zu erreichen und Angst zu meiden. Der Psychiater alten Stils hatte große Freude, wenn er einer seelischen Erkrankung eine geläufige Etikette aufkleben konnte: das war ein Großteil seiner üblichen Beschäftigung. Heute interessiert uns viel mehr der *Einzelfall* als die allgemeine Kategorie; es gibt ebenso viele Zwangsneurosen, wie es Zwangskranke gibt. Das individuelle Verhaltensmuster ist für die Therapie einzig relevant. Auch sollte in tiefenpsychologischer Sicht deutlich geworden sein, daß schizophrene und zwangsneurotische Verhaltensmuster *in uns allen* leben: auf einer frühkindlichen Stufe haben wir uns mit ihrer Hilfe im Leben orientiert. Ihr Auftreten im Erwachsenen zeigt den Fehlschlag einer frühkindlichen Entwicklung an.

Nochmals: Auswählende Unaufmerksamkeit

Wir haben die auswählende Unaufmerksamkeit als Charakteristikum der Bewußtseinstätigkeit bereits kennengelernt. Das Selbst wurde mit einem Mikroskop verglichen, das bestimmte Lebensbereiche sehr deutlich abbildet, andere hingegen – die nicht im Brennpunkt des Interesses stehen – vernachlässigt. Enge und Weite des Selbst bestimmen das Ausmaß dessen, was vom Individuum wahrgenommen werden kann.

«Wie kommt es», fragt *Sullivan,* «daß wir uns entwickeln und uns für lebenstüchtig halten... und nicht mehr vom Leben lernen? Um genauer zu sein, was macht es aus, im Bereich seelenärztlicher Tätigkeit, daß unsere Patienten Erfahrungen machen, die sehr gut verglichen werden können mit dem Anschlagen des Kopfes an eine Steinmauer, und dies oftmals jeden Tag, mit beträchtlichem Schmerz und Unlustgefühlen, aber nie etwas daraus lernen?» (Clinical Studies, S. 38).

Auswählende Unaufmerksamkeit begrenzt das Denken und Fühlen seelisch gesunder und kranker Menschen. Gefährdet sind vor allem jene Personen, die unter dem Zwang stehen, für sie lebenswichtige Fragen und Verhältnisse zu übersehen: sie haben derart Angst vor gewissen Konfliktsituationen (an denen sie in ihrer Kindheit irgendwie gescheitert sind), daß schon die Annäherung an sie «innere Absetzbewegungen» einleitet. Als Folge davon können auf diesem Gebiet (wo Ängstlichkeit vordergründig ist) nicht aufschlußreiche Beobachtungen und Wahrnehmungen gemacht werden, die frühkindliche Irrtümer korrigieren könnten. Auch für den Seelenarzt ist es oft überraschend, wie ungenau Menschen Situationen schildern, in denen sie schon seit vielen Jahren leben; sie sehen nur gewisse *Aspekte* davon, durchschauen aber nicht die Problemlage, an der sie immer aufs neue scheitern. Man kann dies mit dem populären Sprichwort «Gebranntes Kind scheut das Feuer» kennzeichnen. Erstaunlich ist nur, daß dieses «Scheuen» auch das Sehen und Empfinden einschließt: man nimmt gar nicht wahr, was sich mit dem Selbstwertgefühl nicht verträgt. Auch das Gedächtnis unterliegt diesem Zusammenhang; *Nietzsche*, den *Sullivan* offenbar nur wenig gekannt hat, schrieb den tiefgründigen Satz nieder: «Das *habe* ich getan, sagt mein Gedächtnis; das *kann ich nicht getan haben*, sagt mein Stolz; schließlich – gibt das Gedächtnis nach.» Das Selbst will immer seine Richtung im Leben beibehalten, auf Kosten der Realitätswahrnehmung, auf Kosten echter Lebensanpassung. Nur im Schlaf gestattet es verdrängten Regungen, sich in Traumbildern geltend zu machen; in der seelischen Erkrankung geht das Verdrängte in die Symptomatik ein, die gleichzeitig enthüllt und verbirgt, was das eigentliche Lebensproblem des Patienten ist. Darüber soll in der Darlegung der seelischen Krankheitsbilder noch Genaueres berichtet werden.

Das «Verdrängte» lebt in der Dissoziation oder Abspaltung. Diese unbeachtet bleibenden Tendenzen wollen auch in das Leben integriert werden: das Selbst weigert sich jedoch, ihren Anspruch zu anerkennen. Je mehr Strebungen dissoziiert sind, um so «unbewußter» lebt die Persönlichkeit; kommt sie in Lebenslagen, wo die Dissoziation nicht mehr aufrechterhalten werden kann (Versuchungs- und Versagungssituationen), so endet dies nicht selten mit dem seelischen Zusammenbruch. Man kann unter Umständen die verschiedenen Abwehrmanöver beobachten, mittels deren das Dissoziierte auf «mehreren Frontlinien» zurückgewiesen wird: der schizophrene Wahn ist die letzte «Stellung», die das untergehende Selbst unter Selbstaufgabe noch zu halten vermag.

Theorie der Emotionen: Furcht

In allen psychischen Erkrankungen spielen Gefühle und Affekte eine entscheidende Rolle. Darum räumt *Sullivan* diesen Gemütsbewegungen in seiner Psychopathologie einen wichtigen Platz ein. Die Dynamik dieser Strebungen muß erkannt werden, wenn man kompliziertere psychische Zustandsbilder verstehen will.

Furcht ist eine der Emotionen, die man in der psychischen Erkrankung häufig vorfindet. Sie ist irgendwie mit der Angst verwandt: in beiden Fällen wird der Glücks- und Sicherheitsaspekt des Organismus beeinträchtigt. Aber Angst auf menschlicher Ebene bedeutet in erster Linie bedrohten Kontakt mit bedeutsamen Beziehungspersonen; Furcht hingegen ist eine allgemeine Reaktion aller Lebewesen auf Gefährdung. Die Selbsterhaltung ist der Hintergrund jedes Sichfürchtens. Auch das Neue, Ungewohnte und Unbekannte kann gefürchtet werden.

Furcht ist ein biologisch-psychischer Prozeß. Der Körper selbst gerät hierbei in einen Alarmzustand, der ihm zusätzliche Kräfte – für Flucht oder Angriff – erschließt. Das Bewußtsein konzentriert sich auf die reale oder vermeintliche Gefahr. Das Selbst schaltet sich hier ein, indem es die Wahrnehmungsorgane kontrolliert, mittels deren es Sicherheit schon «auf Distanz» anstreben kann. Aber diese Sicherheit ist nur gewährleistet, wenn das Selbst seine Funktion – den Aufbau tragfähiger menschlicher Beziehungen – gut ausüben kann. Ist es schwach und hilflos, so trägt es gleichsam dauernd Angstbereitschaft in sich; so wird es kleine und kleinste Gefahren überwerten und darum schneller von Furchtsamkeit erfüllt werden. Furcht dient in diesem Sinne sehr oft als Rationalisierung der Angst; man hat es lieber, einem gefürchteten Objekt gegenüberzustehen, als die vage und unbestimmte Angst erleiden zu müssen, bei der man weder aus noch ein weiß. In der Angst ist die Gefahr in uns selbst, in der Furcht außerhalb: man projiziert die Angstursache auf ein beliebiges (passendes) Objekt, da hierdurch eine scheinbare «Erklärung» für die andauernden Unsicherheitsgefühle gefunden ist. Das Wesen der Phobien ist in diesem Dynamismus enthalten.

Sullivan sagt hierzu:

«Furcht und Angst können in Schrecken umschlagen. Wenn man einen Menschen im Zustand des Schreckens vor sich hat, soll man herauszufinden versuchen, ob dies aus der Angst – mit anderen Worten, ob die Person unter der Drohung lebt, daß etwas in ihr Bewußtsein einbricht, das alle Sicherheit auslöscht – resultiert oder etwas aus der ‹objektiven Realität› gefürchtet wird. Wenn es etwas aus der objektiven Realität ist (und nicht die Mißbilligung von seiten der Mitmenschen vordergründig ist), dann muß man möglichst klar zu formulieren versuchen, was die Furcht hervorruft: wenn dies gelingt, vermindert sich die Furcht und das Entsetzen.»

Diese Technik der Furchtverminderung ist für die Angst nicht ausreichend. Hier geht es um den Verlust menschlicher Kontaktmöglichkeiten, der Beziehung zu bedeutsamen Personen, von denen sich der Ängstliche negiert, verlassen oder verachtet fühlt. Man befindet sich hiermit in einer tieferen Gefühlsschicht, die seelischen Gefahren sind dementsprechend größer. Bei der Furcht genügen, wenn auch nur teilweise, rationale Argumente; innerhalb der Angst kommt man mit Rationalität nicht weit, weil das ganze Geschehen irrational ist. Man kann Angst nicht einfach «wegsprechen». Hier ist das Selbstsystem im Zustande der Bedrohung, der Beistand muß in intensivster menschlicher Kommunikation erfolgen.

Zorn, Wut und Haß

Da Angst immer unerträglich ist, entwickelt man früh Abwehrmechanismen, um sie in Schach zu halten. Zorn ist ein solcher Abwehrmechanismus, der in der Kindheit bereits in Erscheinung tritt. An seinem Ursprung liegt oft das Erlebnis des Kindes, daß es von den Erwachsenen ungerecht behandelt wird. Auch das Beispiel der Eltern lehrt das Verhaltensmuster «Zornig-sein» in vielfachen Abwandlungen – man kann Unmut, Unlust, schlechte Laune an anderen mühelos abreagieren, wenn man nur einen Anlaß findet, in einen Zornausbruch zu geraten. Und immer wenn man zornig ist, leidet man nicht mehr an Angst. So entfaltet sich das Spektrum von Ärger bis zu Wut im Kinde; wann immer Unsicherheit entsteht, kann zu diesen Ablenkungsmanövern gegriffen werden.

Auch im Zorn sind biologische Mechanismen mitbeteiligt. Diese sollen die Kampfbereitschaft erhöhen, in deren Dienst Blutdruck, Blutzuckergehalt usw. gestellt werden. Für den Menschen innerhalb der Kultur geht es gewöhnlich nicht um die Selbsterhaltung bezüglich rein biologischer Gefahr – Zorn und Wut werden bei uns durch unmerkliche Angstgefühle ausgelöst, die mit dem Umgang mit den Mitmenschen zu tun haben.

In der Wut ist das Ausmaß der Angst gesteigert und damit auch die Abwehrmaßnahme wesentlich akzentuiert. Wut ist auf Zerstörung der gefährdenden Dinge oder Personen gerichtet. Der Energieaufwand ist physisch und psychisch größer. Nahe verwandt mit diesem Affekt ist der Haß; wo man haßt, will man zerstören, vernichten, aus der Welt schaffen, weil man sich durch das Gehaßte in seinem Sein zutiefst verneint sieht. In psychischen Erkrankungen ist der Haßaffekt oft wesentlich.

Menschen, die sich hassen, leben in einer Situation, in der sie wechselseitig ihre Sicherheit stören und einander in Angst versetzen. An sich wäre hierdurch der Grund gegeben, solche Situationen zu liquidieren: aber dies ist nicht immer möglich. In subjektiv unauflösbaren Situationen, in denen man an den angsterzeugenden Partner durch emotionelle Bande gefesselt ist, «sensibilisieren» sich die Beteiligten in ihrer Verletzlichkeit; sie werden einander in ihrem Haß unentbehrlich. Der Kampf wird mit kleinen und großen Waffen geführt; die Partei, die zu unterliegen droht, greift dann jeweils zum Wutausbruch, um das «Gleichgewicht der Kräfte» herzustellen. Denn Wut ist, wie *Sullivan* sagt, ein Bestandteil der «Sicherheitsmaschinerie», das heißt der früh erworbenen Hilfsmittel, mit denen sich das Selbst zu behaupten versucht.

Eine günstige Methode, Zorn und Wut (die sozial nicht sehr hoch eingeschätzt werden) zu rehabilitieren, ist die Entwicklung von Idiosynkrasien. Oder man bekämpft an Anderen den Affekt, den man selber in sich trägt. Hochmut und Selbstgerechtigkeit liegen auf dieser Linie; es braucht nicht betont zu werden, daß diese Haltungen die menschliche Kommunikation ebensosehr verunmöglichen wie Zorn und Wut.

Hat man einmal als Kind Zorn, Haß und Wut in sein Selbst aufgenommen, so wird man dies sein Leben lang nicht mehr los, es sei denn, daß die ganze Persönlichkeit gewandelt wird (Psychotherapie). Wohl gerät man in zwischenmenschliche Beziehungen, in denen Liebe und Zusammenarbeit möglich scheinen: aber der «automatisch» gewordene Haß fordert sein Recht, da menschliche Intimität in solchen Charakteren fast immer Angst erzeugt, eine Angst, die das Bild des Partners wahnhaft entstellen kann.

Trauer und Schuld

«Der Dynamismus der Trauer ist, wie alle Lebensdynamismen, ein notwendiger Bestandteil der menschlichen Ausrüstung. In der normalen menschlichen Erfahrung beinhaltet Trauer eine Reihe von Prozessen, die recht unangenehm sind und in denen ein emotionell bedeutsamer Verlust überwunden wird, indem die integrativen Tendenzen, die diese Beziehung aufrechterhielten, graduell vom ‹verlorenen Objekt› abgelöst werden – damit werden sie frei für eine neue Bindung. In diesem Sinne ist Trauer außergewöhnlich wertvoll und wichtig für das Leben» (Clinical Studies, S. 105).

Das Gefühl der Trauer beobachten wir immer dann, wenn ein «geliebtes Objekt» (sei es Mensch oder Tier) uns verlorengeht. Dies kann wohl verstanden werden, wenn man sich vor Augen hält, wie sehr unsere Bedürfnisbefriedigung und unsere Sicherheit von alldem abhängen, mit dem wir in liebender Kommunikation leben. Darum ist der Ausfall zum Beispiel eines geliebten Menschen ein schweres Handicap. Auch ist das Aufnehmen neuer menschlicher Beziehungen nicht so einfach, daß man einen geliebten Menschen ohne weiteres durch einen anderen ersetzen könnte. So steht man tatsächlich in der Trauer emotionell *verarmt* da, und alle Äußerungsformen dieses Gefühls weisen auf empfundene Unsicherheit, eventuell Angst und Vereinsamung hin.

In der Äußerung schwächt sich jede (normale) Trauer mit der Zeit ab. Es geschieht die Auflösung der Gefühlsbindungen, auf die *Sullivan* hingewiesen hat. Bei seelisch gesunden Menschen erwacht nach einiger Zeit neuer Lebensmut, der zu neuer Bindung bereit ist. Der Ängstliche hingegen wird es mitunter vorziehen, das Bild des Verstorbenen illusionär auszuschmücken und seine «Unvergleichlichkeit» als Schutz vor neuen Lebensansprüchen gebrauchen. So wird Trauer zum psychopathologischen Symptom, indem manche Menschen ihre neurotische Sicherheit darin finden, «andauernd traurig» durch die Welt zu gehen. So wird die alte Gefühlsbindung nicht aufgelöst, im Gegenteil, sie wird glorifiziert und intensiviert. Man hat Angst vor der wiedergewonnenen Freiheit und zieht es vor, sie in pietätvollem Andenken unterzubringen. Nicht selten waren die Beziehungen, die zu solchen Reaktionen führen, gar nicht so beglückend: die «schlechte Liebe» macht mutlos für zukünftige Liebschaften, und mit dem idealisierten Verstorbenen kann man eine Beziehung gestalten, die die eigene Sicherheit nicht bedroht.

In krankhafter Trauer zeigt sich keine Tendenz, sich vom verlorenen Objekt zu lösen. «Die phantastische Weiterführung der (verstorbenen) Person dient als Schutzmauer gegen das Leben – als Schutz gegen Wechsel und Fortschreiten.» Solche Menschen verlieren ihre Haltung, ihre Interessen, sie leben mehr in der Phantasie als in der Wirklichkeit.

Manchmal ist pathologische Trauer auch mit Schuldgefühlen gegenüber dem Verstorbenen verbunden. Das Gefühl der Schuld – von echter Schuldhaftigkeit ist in diesem Zusammenhang nicht die Rede – knüpft fast immer an verborgene Lebensangst an. Neurotische Selbstvorwürfe dienen dazu, Ängste zu rationalisieren, mit dem moralischen «Nebengewinn», daß man dadurch als *gewissenhaft* dasteht. Die Hochschätzung von moralischer Skrupelhaftigkeit ist in unserer Kultur und Erziehung begründet. Echte Moralität jedoch kompensiert Fehler durch Ausgleichshandlungen, die immer möglich sind; das neurotische Schuldgefühl ist daran als Angst erkennbar, daß es bei «Wortgeklingel» bewenden läßt, was als Tat notwendig wäre.

Neid und Eifersucht

In unserer Gesellschaftsordnung bedeutet Besitz eine Ausweitung unseres Selbst: er erhöht unsere Sicherheit, stärkt unser Machtgefühl. Neid kommt gewöhnlich dann zum Ausdruck, wenn innerlich unsichere Menschen bei Anderen Güter oder Werte sehen, die zu besitzen ihre Selbsteinschätzung kräftigen würde. Bei ausgeglichener Charakter- und

Gemütsverfassung kommen Neidgefühle nicht stark auf: Neid ist demnach nicht immer ein «Neid der Besitzlosen», sondern eher ein «Neid der Unglücklichen». Auch hier liegt die Quelle des Unglücks nicht in äußeren Lebensbedingungen, sondern in der Nachwirkung ungünstiger Kindheitssituationen.

«Kehren wir zum Selbstsystem zurück und betrachten wir die Geschichte seiner Entwicklung, so erkennen wir, daß neidische Menschen sich als ‹unbefriedigend› betrachten gelernt haben – das heißt als unbrauchbare menschliche Wesen. Manchmal wurde dies den neidischen Menschen direkt und unmißverständlich beigebracht. Zum Beispiel zu Hause und in der Schule wurde ihnen erklärt, daß sie nichts bedeuten, daß man nicht an ihrer Stelle sein wolle. Oft waren sie Kinder, die der Eltern Hoffnungen und Erwartungen enttäuschten» (Clinical Studies, S. 130).

Viele Umstände mögen dazu beitragen, spätere Neidgefühle auszubilden. Selbstverachtung ist jedoch immer im Spiel, als Reflex auf erzieherische Unzulänglichkeiten entstanden. Aus der Selbstunterschätzung stammt das zwanghafte Begehren, im Besitz und äußeren Zeichen Anderen gleichzukommen. Die Kultur, die diese Tendenz selber züchtet, mißbilligt sie in ihren moralischen Geboten. Darum muß man Neid rationalisieren – mitunter maskiert man ihn als «Gerechtigkeitsgefühl». Daß sich dahinter Ressentiment und Lieblosigkeit verbergen, wird für den Laien nicht immer sichtbar: nur das gesunde Selbst kann Gerechtigkeit als einen Wert an sich anstreben. In unserer Wettbewerbsgesellschaft kann sich kaum jemand vom unguten Affekt des Neides freihalten.

Eifersucht ist ein Neidgefühl, das in die erotisch-sexuelle Sphäre eingreift. Hier ist der «Neid» darauf gerichtet, daß Andere in Intimsituationen glücklicher und erfolgreicher sein könnten: aus der eigenen Unfähigkeit zu liebevollem Anschluß leitet man unbewußt ab, daß Andere den Partner

abspenstig machen könnten. Auch hier mangelt das Gefühl der menschlichen Angepaßtheit und des eigenen Wertes: das kranke und liebesunfähige Selbst brütet Eifersucht aus. Dabei wird in zügelloser Phantasie alles in die vermeintliche «Untreue» des Partners projiziert, was man selber infolge von Hemmung nicht ausleben kann: das ganze Liebes- und Glücksbedürfnis des Unbefriedigten tobt sich in eifersüchtigen Vorstellungen aus.
Auch hier wiederum liefert die Kindheit Vorbild und Folie für derart unglückselige Gemütszustände. Nur kontaktunfähige Menschen sind zur Eifersucht «disponiert». Die voll entwickelte Persönlichkeit wird nur Eifersuchtsregungen in sich fühlen, wenn die Liebe zum Partner tatsächlich durch das Dazwischenkommen eines Dritten gefährdet ist. Das Gefühl des eigenen Unwerts mobilisiert die zerstörerischen Kräfte der Eifersucht. Man fühlt sich des eigenen Partners nicht wert: kein Wunder, daß man ihn jederzeit für «abtrünnig» hält. Wahnbildungen können hier ansetzen. Im Bangen um die bedeutsame menschliche Beziehung zertrümmert der Eifersüchtige diese: der Verlust ist dann eventuell für ihn so groß, daß er ihn nur auf *wahnhafte* Weise kompensieren kann.

Hypochondrie

«Hypochondrische Menschen sind solche, die in unnatürlicher Weise an ihrem ‹schlechten Gesundheitszustand› interessiert sind und – in Begriffen zwischenmenschlicher Beziehung ausgedrückt, in denen ich derartiges zu definieren versuche – ihre gesundheitlichen Mängel oder eine spezielle Krankheit oder Unfähigkeit zum Hauptthema dessen machen, was sie ihren Mitmenschen mitzuteilen haben. Es ist, als ob ihre Krankheit die Visitenkarte ihrer Persönlichkeit» sei, der einzige Punkt nämlich, den sie eines Mitteilungsversuches innerhalb ihrer sozialen Beziehungen für wert halten» (Clinical Studies, S. 78).

Mit dieser Definition tritt *Sullivan* an die Probleme der Hypochondrie heran. Er weist darauf hin, daß das Verhältnis des Hypochonders zu seinem Körper ein offensichtlich pessimistisches ist: alle seine Körperempfindungen werden «negativistisch» als Vorzeichen oder Symptom von Erkrankungen gedeutet. Bei vielen Leuten sind Müdigkeit und Abgeschlagenheit «stellvertretend» für ungute Gefühle; die Art, wie sie sich damit befassen, wie sie dies in den Vordergrund stellen, macht diese beiden Symptome zur «Hypochondrie des Alltagslebens». Man ist oft verblüfft, wie rasch Müdigkeit verschwindet, wenn der «Ermüdete» durch irgend etwas Interessantes in Anspruch genommen wird.

Die Intensität, mit der hypochondrische Patienten ihren Körper beobachten, hängt von den Lebensschwierigkeiten ab, in die sie verwickelt sind. Kranksein ist in unserer Kultur ein vorzüglicher Dispens für allerlei Verantwortungen und Aufgaben; wo immer solche die Sicherheit eines Hypochonders bedrohen, hat er in seinem Krankheitsgefühl ein unbewußtes Alibi, wonach er selbst und Andere «nicht viel von ihm verlangen dürfen». Das Selbstsystem verwendet nach *Sullivan* die Hypochondrie zur Unterstützung eines oft maßlos aufgebauschten Sicherheitsstrebens.

Ein eingeengtes Selbst kann viele Bedürfnisspannungen in sein Konzept nicht einbeziehen. Befriedigung im Leben (in zwischenmenschlichen Situationen) kann schlecht erreicht werden, wenn man den Mitmenschen eine «Krankheitsfassade» darbietet. Zum Beispiel sexuelle Beziehungen werden durch die «Liebeswerbung» des Hypochonders, die nicht selten eine Aufzählung seiner eingebildeten und realen Krankheiten beinhaltet, nicht sehr begünstigt. Sexuelle Lust zu empfinden und wahrhaftig zu genießen würde im

Widerspruch zur Selbstbemitleidung stehen: für den Hypochonder ist der erotische Enthusiasmus schwer denkbar. Daher findet man oft, daß sein Liebesleben kümmerlich ist: dies mitunter Folge der Hypochondrie, manchmal auch deren Mit-Ursache.

Wo und wann werden die Triebbedürfnisse abreagiert? Der Schlaf würde hierzu die Möglichkeit bieten, allerdings auf Kosten des Durchschlafvermögens. Tatsächlich berichten viele Hypochonder, daß sie wenig oder gar nicht schlafen. Hier ist viel Übertreibung mit im Spiel, denn diese Schlaflosen sehen mitunter trotzdem prächtig aus. Der Bericht vom Nicht-schlafen-Können ist eventuell auch schon ein hypochondrisches «Ausarbeiten» einer Harmlosigkeit zu einer schweren Erkrankung.

Sullivan sieht im hypochondrischen Prozeß das Resultat einer psychischen «Regression». Hier ist ein Stück seelischer Entwicklung aufgegeben worden, ein Infantilverhalten steht für ein differenzierteres, unter dem Druck der Verhältnisse aufgegebenes. Der sexuelle Bereich läßt viel Raum für Hypochondrie offen, indem unsere Erziehung ihn erheblich unter Angsteinfluß stellt.

Hysterie

Auch in der Hysterie sind große Teile der Persönlichkeit abgespalten. Dadurch ist das Selbst hysterischer Patienten sehr geschwächt: sie glauben dem Leben nicht gewachsen zu sein. Eine Folge davon ist die tiefe Selbstverachtung aller Hysterischen, die aber nicht manifest ist: der Patient selbst gibt nicht zu, daß er vom Gefühl der eigenen Nichtigkeit durchdrungen ist. Viel eher entdeckt man die Mißachtung anderer Leute im Bilde der Hysterie. Diese haben häufig lediglich Zuschauerfunktion im Leben des Hysterischen. Sie zu beeindrucken, sie in Schach zu halten, sie aufzuregen und ständig mit dem Wohl- und Übelsein zu beschäftigen: das ist unbewußt das Ziel des Hysterikers. Er ist ein guter Schauspieler, allerdings nicht bewußter Simulant. Aber seine seelische Situation erzwingt ständig Übertreibungen, demonstratives Betonen von Leid und Krankheit in einer Weise, die alle mitmenschlichen Beziehungen auf ein Minimum reduziert.

Hysterische Patienten spielen «Rollen», die stark dramatisiert sind. Ihr Ungenügen an sich übersetzt sich in ein Phantasiegebaren, das sie selber als «real» nehmen. Sie glauben sozusagen an die eigenen «Lügen», die aus diesem Grunde nicht mit bewußten Unwahrhaftigkeiten gleichgesetzt werden können. Die «Rolle» des Hysterikers erwächst ihm aus tiefster seelischer Not; er greift nach ihr und der mit ihr verbundenen Symptomatik wie nach einem Rettungsanker. In der Tat ist das Kranksein der einzige Weg, der Hysterischen angesichts ihrer großen Geltungsansprüche und ihres minimen Lebensmutes gangbar erscheint. Das «Alibi» des Krankseins ist hier wesentlich.

Bekannt ist auch die Launenhaftigkeit hysterischer Patienten, wobei nicht immer klarwerden kann, wie der Stimmungsumschwung mit der äußeren Situation zusammenhängt. Oft erfordert die «Rolle» das Sich-in-Szene-Setzen, da irgendwie befürchtet wird, daß man an Bedeutung und Wertschätzung verlieren könnte. Die ungeheure Verwundbarkeit des Hysterischen kommt aus einer Kindheit, in der innerhalb der Familienatmosphäre *Unechtheit* alle emotionellen Beziehungen charakterisierte. Oft haben die Eltern den späteren hysterischen Patienten nie als heranwachsende Persönlichkeit geachtet: er galt mehr als ein Spielzeug und Objekt für die Eitelkeit und Selbstgefälligkeit der Erwachsenen. Daraus resultieren Entwicklungsstillstände, die bewirken, daß Hysteriker auf einer frühen Entwicklungsstufe stehenbleiben: nach *Sullivan* kommen sie selten über die

Frühpubertät hinaus, wahrscheinlich sind viele von ihnen noch infantiler. Daher ist niemals Hysterie mit seelischer und sexueller Reife verbunden – Frigidität ist hier häufig, Rivalität gegen andere Frauen (Wettbewerbsprinzip der Frühpubertät) dominiert. Von hier aus sind Brücken zur Eifersucht, zum Sich-Einspinnen in wahnhafte Denkformen bezüglich des trügerischen Charakters aller menschlichen Beziehungen zu schlagen.
Konversionshysterie werden Krankheitsbilder genannt, in denen die seelische Erkrankung mit scheinbar organischen Lähmungen, Sprechunfähigkeit, gestörten willkürlichen und unwillkürlichen Funktionen einhergeht. Die «Leidensrolle» ist auch hier evident. Im Ersten Weltkrieg haben die «Kriegszitterer» ihren Protest gegen das Verschicken an die Front mit Zitterkrankheit demonstriert. Man versuchte mit elektrischen Behandlungen, derartige Hysterien zu «heilen». Erst die Psychoanalyse hat uns gelehrt, den Hysteriker durch Nachholen seiner seelischen Reifungs*lücken,* durch Entwicklung seiner Persönlichkeit zu kurieren.

Zwangsneurose I

Zwangsneurotiker wachsen gewöhnlich in einer lieblosen Atmosphäre auf, in der eine Scheinmoral wechselseitige Feindseligkeit verdeckt. Unter dem Motto der «Wohlgesinntheit» tun Zwangscharaktere ihren Mitmenschen Zwang an: ethische und religiöse Deckmäntel eignen sich vorzüglich, die Gefühlsarmut auszuschmücken. Ein Kind in einer solchen Familie lernt frühzeitig, die Techniken der Erwachsenen zu kopieren. Das «Richtige» zu *sagen* wird ihm wichtiger als es *fühlen:* der Zwangstypus ist unter anderem auch dadurch gekennzeichnet, daß Fühlen und Denken (Sprechen) bei ihm weitgehend dissoziiert sind. Man hat dies die «Wortmagie» der Zwangsneurotiker genannt: sie gebrauchen die Sprache autistisch zum Selbstschutz, nicht zur Mitteilung.

Alle Zwangshandlungen sind ein Versuch, Sicherheit zu bewirken respektive Angst auszuschalten. Zwangscharaktere sind innerlich sehr unsicher: ihre «Rituale» und «Umwegigkeiten» sollen das unübersichtliche und unvorhersehbare Leben in ein paar armselige Formeln und Gleichmäßigkeiten einfangen. Entscheidend ist, daß man sich mit ihnen auf einem Terrain bewegt, das einem bekannt ist; das Ungewisse scheint vermieden. Da es sich dennoch nie ganz fernhalten läßt, ist der Zwangsneurotiker trotz seiner Zwänge stets von Unsicherheit verfolgt.

Menschliche Nähe (Hingabe) ist eine der Situationen, die der Zwangsneurotiker auf Grund seiner (Kindheits-)Erfahrungen besonders fürchtet. Daher ist sein Intimitätsstreben (Sexualität oder Erotik im weiteren Sinne) merklich reduziert. Der Zwangsneurotiker liegt im Kampfe mit seiner Umgebung. Er kann mit ihr immer nur bedingt einiggehen, ihr nur bedingt entgegenkommen. *Sullivan* vergleicht ihn mit dem Stotterer, der unbewußt die Umwelt auf seine Mitteilung warten läßt: im Bestreben, ja nichts falsch zu machen, läßt er sich sehr viel Zeit, was die anderen nicht wenig irritieren kann. Ähnlich ist es mit dem Zwangsneurotiker, der etwa im Rahmen seiner Familie infolge seiner Umständlichkeit alle Pläne und Zeitvereinbarungen durchkreuzt. Er *muß* sein Ritual durchführen, was alle mehr oder minder Beteiligten zum Warten zwingt.

Die Schwäche des zwangsneurotischen Selbst erklärt das realitätsfremde Verhalten. Zwangsneurotiker haben von Jugend an wenig Glück und Erfolg in mitmenschlichen Beziehungen gehabt. Daher der mißtrauische und feindselige Zug, den man oft bei ihnen antrifft. Sie sind scharfe Kritiker ihrer Mitmenschen, oft unduldsam bis zur Intoleranz. Je nach Bildungsniveau und Persönlichkeitsprägung

wird diese Kritik und Unduldsamkeit an verschiedenen Orten eingesetzt. Auffallend oft ist die Bemühung, anderen Unreinlichkeit und Unordentlichkeit nachzuweisen: Zwangstypen machen aus der Beobachtung von Unzulänglichkeiten Anderer eine Waffe, die alle Welt in Schach halten soll. Der Kampf gegen die «Unsauberkeit» kann auch auf sexuellem Gebiet ausgetragen werden; dort ist der Zwangstyp als «Obszönitätenjäger» zu finden, als Mucker und Moralapostel, der mit eigentümlicher Hartnäckigkeit das Laster der Mitmenschen derart verfolgt, als ob er selber von ihm heimlich angezogen wäre.
Oft beobachtet man zwanghaften *Zweifel* bei solchen Patienten: sie sind nie sicher, ob sie das Haus abgeschlossen, das Licht abgedreht haben usw. Immer müssen sie sich vergewissern. Dabei geht viel Zeit verloren, die für mitmenschliche Beziehungen verwendet werden könnte. Aus Furcht vor diesen wendet sich der Zwangsneurotiker seinem Zweifel zu: dieser spiegelt lediglich die Unsicherheit im menschlichen Bereich wider.

Zwangsneurose II

Oft ist der zwangsneurotische Zweifel auf die Frage gerichtet, ob der Patient «eine Frau oder ein Mann» sei – verwirrende Eindrücke in der Frühkindheit haben selbst die Gewißheit seines Geschlechtscharakters erschüttert. Noch öfter findet man im Zweifel das Problem «Kann man mich lieben? Wird mich je jemand lieben? Bin ich überhaupt liebenswert?», das den Patienten maßgeblich beschäftigt. Hier liegt ein Schlüssel zu seinem Lebensgefühl, zu seiner «Heimatlosigkeit» in der Welt.
Mitunter gehen Zwangsneurosen in Schizophrenien über, wenn der Druck auf den Patienten unerträglich wird und

seine Zwangsmanöver nicht mehr genügen, die Sicherheit aufrechtzuerhalten. Manche Patienten alternieren zwischen Schizophrenie und Zwangsneurose, von einem Zustand in den anderen übergehend. Das Ausmaß von Angst und Panik, in welchem sie leben, bestimmt den Schweregrad der Realitätsabwendung, die sie nötig haben. In der Schizophrenie lösen sie sich weitgehend von der Umwelt ab.

Sullivan rät, in der Behandlung des Zwangskranken möglichst wenig Druck auszuüben. Man hat einen Menschen vor sich, der überall von Angst eingekreist ist. Ein direkter Angriff auf die Sicherheitsdynamismen lohnt sich nicht, da dies die Angst des Patienten erhöht und sein schwaches Selbstwertgefühl weiterhin schwächt. Es muß dem Therapeuten gelingen, dem Patienten Mut einzuflößen: «Es gibt keine Ausnahme von der Regel, daß – wann immer der Patient auch nur einen schwachen Schimmer von Hoffnung erhält – er auch streben wird, gesund zu werden» (Clinical Studies, S. 265).

Deutungen müssen in der Behandlung sehr vorsichtig gegeben werden, denn derartige Patienten sind geschickt in Ausweichstaktiken, die sie von früh auf gelernt haben. So muß man auch die Schilderung, die sie von ihrer Umgebung geben, mit Vorsicht aufnehmen. In allem, was solche Patienten über ihre Schwierigkeiten mit der Umwelt berichten, liegt ein Faktor von Selbstbestätigung: das eigene moralische Prestige darf dadurch nicht gefährdet werden, weil ansonsten Angst entstünde. *Sullivan* sagt über solche Patienten:

«Sie sehen mit erstaunlicher Klarheit voraus, was sie ängstlich machen könnte. All dies behandeln sie oft mit ‹auswählender Unaufmerksamkeit›, und wenn sie etwas erzählen, so scheint dies lückenlos, als ob an diesen Punkten nichts geschehen wäre. So – hauptsächlich wegen dieser hochentwickelten Fähigkeit zur Voraussicht – sind Zwangsneurotiker unbewußt daran interessiert, ihre eigentlichen

Lebensverhältnisse unklar und undeutlich darzustellen. Nicht daß sie etwa absichtlich die Zeit totschlagen wollten und das Gesundwerden sabotieren, aber sie haben so unglückselige Erfahrungen in ihrem früheren Leben gehabt, daß es ihnen nichts ausmacht, mißverstanden zu werden. Sie leben geradezu in der Furcht, verstanden zu werden, fürchten, daß Klärung in mitmenschlichen Beziehungen sie als ‹unheilbar schlecht› erweisen würde. Nun, sie *denken* nicht, daß sie schlecht seien, sie fürchten es. Tatsächlich kann man sie leicht dazu bewegen, sehr ausführlich über einige Aspekte ihrer Anständigkeit zu sprechen. Aber das ist nicht sehr nützlich; es ist besser, ihnen die Anständigkeit ihrer Mitmenschen klarzumachen» (Clinical Studies, S. 283). *Sullivan* versteht auch die Zwangsneurose als einen verzweifelten Versuch, in der mitmenschlichen Welt mit infantilen Mitteln Sicherheit zu erlangen. Die zwanghafte Kultur bietet hierzu Scheinmanöver an, die von innerlich unsicheren Menschen in ihr Selbstsystem eingebaut werden.

Schwerere Dissoziation der Persönlichkeit: die Psychose

Wenn alle Sicherheitsmanöver versagen und das Nicht-Ich aus seiner Untergründigkeit ins Bewußtsein einbricht, reichen die Hilfsmittel des Selbst nicht mehr aus, eine Kompromißlösung für die widerstreitenden Tendenzen zu finden. So kann ein Prozeß eingeleitet werden, in dem das Selbst in zunehmendem Maße in seiner Sicherheitsfunktion versagt: je mehr es nun vom Nicht-Ich überflutet wird, um so überwältigender fällt es dem Erlebnis des «Unheimlichen» anheim. Unheimlichkeit ist eine Spielart von Angst: sie hat nach *Sullivan* die Aspekte der Scheu (awe), des Furchtbaren (dread), des Ekels (loathing) und des Schrekkens (horror). Diese mannigfaltigen Angstzustände scheuchen im betroffenen Individuum die ganze autistische (frühkindliche) Erlebniswelt auf, die sonst mühsam in Dissoziation (Abspaltung) gehalten wird. Faktisch fällt damit der Mensch auf ein Entwicklungsstadium zurück, das er in der Kindheit durchlaufen hat.

Alle schweren seelischen Erkrankungen beruhen letztlich darauf, daß eine Persönlichkeit unter dem Einfluß einer ungünstigen Jugendentwicklung größere Motivationssysteme dissoziieren mußte. Durch Ausschaltung dieser Persönlichkeitsanteile wird das Selbst empfindlich geschwächt; nicht nur fehlt ihm ein Teil der ihm zugehörigen Kräfte, es muß auch noch zusätzlich Energie aufwenden, um das Dissoziierte in der Verdrängung zu halten. So kommen nur schlechte Anpassungsprozesse in Gang, Scheinanpassungen, die in den Neurosen so deutlich zu beobachten sind. Immerhin ist der neurotische Mensch noch angepaßt, wenngleich sein Verhalten oft verquer anmutet; sein Selbst ist noch in der Lage, sich gegen innere und äußere Gewalten zu behaupten.

In den Psychosen ist dies nicht mehr der Fall. Hier findet sich das Bild eines zusammenbrechenden Selbst, das in Panik alle Realitätsorientierung zu verlieren scheint. Panik entsteht nach *Sullivan,* wenn etwas zerstört wird, worauf man zuvor fest vertraut hat. In der entstehenden Geisteskrankheit gibt sich das Selbst auf, indem es sich angesichts übermächtig werdender Bedrohungen von außen wie von innen sozusagen dem Nicht-Ich ausliefert. Der Untergang des Selbst wird in der Regel als Weltuntergang empfunden. Daher der panische Schrecken, die zügellos-hektische Aktivität, das sinnlose Gebaren, die grenzenlose Verzweiflung. Man hat die Preisgabe des Selbst als einen «symbolischen Selbstmord» gekennzeichnet: in der Tat ist im schizophrenen Prozeß, der hier beschrieben wird, ein Ich seiner Identität verlustig gegangen.

Schizophrenie ist für *Sullivan* keine körperlich bedingte Geisteskrankheit, sondern das Versagen des Selbst in seiner Anpassungsfunktion: in diesem Sinne ist die Psychose mit der Neurose verwandt. Man kann sie bei genauerem Studium der Entwicklungspsychologie aus frühkindlichen seelischen Traumen ableiten. Das schizophrene Verhaltensmuster beruht auf Gedanken und Gefühlsreaktionen, die in der allerersten Frühkindheit entstehen können. Kinder, die in den ersten Lebensjahren durch «Dynamismen von Schwierigkeiten» hindurchgehen, können einen verborgenen Riß in ihre Persönlichkeit aufnehmen, der in der späteren Psychose zu voller Aufsplitterung überleitet. Die «schizophrene Lebensweise» ist ein Relikt einer unglückseligen Jugend, in der das Selbst sich nur schwach und brüchig entwickeln konnte.

Das präschizophrene Leben

Sullivans Entwicklungspsychologie hat sich gründlich mit dem Verhältnis Mutter–Kind auseinandergesetzt, weil darin die Ursprünge psychopathologischer Zustände gefunden werden. Wir haben hierüber unter den Begriffen «gute Mutter», «böse Mutter», «gutes Ich», «böses Ich» usw. referiert. Da die Mutter das Kind ins Leben einführt, kommt ihr hinsichtlich der späteren seelischen Gesundheit oder Krankheit eine maßgebliche Bedeutung zu. In der amerikanischen Literatur spricht man geradezu von einer «schizophrenogenen Mutter», die infolge ihrer latenten Feindseligkeit oder Lieblosigkeit die fundamentalen Voraussetzungen für die Konstituierung des kindlichen Selbst unterminieren kann. Allerdings ist hierbei zu sagen, daß auch der Vater auf das Kleinkind (nicht selten über die Art, wie er die Mutter behandelt) katastrophale Einflüsse ausüben kann. Entscheidend ist, daß es familiäre Milieus gibt, in denen Kinder mit dem Gefühl aufwachsen, wertlos, nicht liebenswert und unfähig zu sein, es je jemandem recht zu machen.

Aus solchen Kindheitseindrücken leitet sich ein Lebenslauf ab, in dem die Beziehung zu den Mitmenschen ein schwerwiegendes und kaum lösbares Problem wird. Verschlossenheit, Verträumtheit, Kontaktmangel, sonderlingshaftes Betragen und dergleichen bekunden früh, daß der Heranwachsende ein nur fragmentarisches Selbst erworben hat. Man hat dies früher als «schizoide» Lebenseinstellung bezeichnet; *Ernst Kretschmer* hat dies irrtümlich auf einen bestimmten Konstitutionstyp (den asthenischen, leptosomen) beschränken wollen. In Wirklichkeit geht es hier nicht um Körperbauformen, sondern um Lebensschicksale. Kontaktarmut, die alldem zugrunde liegt, ist nicht durch die biologische Voraussetzung (des «Typs») gegeben, sondern wird erworben durch Erlebnisse der Frühkindheit, in der unter Umständen Anschluß an die Umwelt nahezu unmöglich ist.

Das Fehlen menschlicher Beziehungsfähigkeit in einem Heranwachsenden kann von der meist selber kontaktlosen Umwelt lange Zeit übersehen werden. Denn wenn das Kind nicht an unerfülltem Liebesbedürfnis stirbt (wozu die Erfahrungen mit dem «Hospitalismus» aufschlußreiche Daten vermittelt haben: lieblos aufwachsende Kinder bleiben physisch wie psychisch hinter der Norm zurück, erkranken leichter und sterben eventuell an vermindertem «élan vital»), erzielt es eine rein äußerliche Anpassung an sein Milieu, die ungefähr mit der pathologischen Struktur seiner Umweltspersonen übereinstimmt. Daher bleibt es zunächst unauffällig, eventuell leidet es gelegentlich an Angstzuständen, ist eigentümlich still oder trotzig, meist in seine Träumereien eingesponnen. Erst wenn das Leben traumatisierend mit einem solchen schmalspurig aufgebauten Selbstdynamismus zusammenstößt – was häufig in der Pubertät erstmals dramatische Formen annimmt –, kann ein Zusammenbruch erfolgen, der wegen der verborgen verlaufenden Vorgeschichte rätselhaft und uneinfühlbar erscheint. Man versteht jedoch bei genauerer Betrachtung, daß die Uneinfühlbarkeit der präschizophrenen Lebenskrisen und der aus ihnen resultierenden schizophrenen Erkrankung nicht in der Sache selbst, sondern im unzulänglichen Wissen der Beurteiler liegt. Für *Sullivan* ist es keine Frage, daß die Schizophrenie etwas «rein Menschliches» ist, nämlich die Konsequenz einer Entwicklung, die in wichtigen Belangen fehlgeschlagen hat.

Formen der Schizophrenie I

Kraepelin war der erste, der die verschiedenen Zustandsbilder der Schizophrenie unter dem Namen «Dementia praecox» zusammenfaßte. Als «vorzeitige Verblödung» gedeutet, wurde diese Krankheit im Sinne einer Selbstvergiftung des Organismus aufgefaßt. Irgendein Toxin (Giftstoff) wurde angenommen, das fähig sei, die menschliche Entwicklung in die Sackgassen der «Demenz» einmünden zu lassen. *Eugen Bleuler* machte jedoch darauf aufmerksam, daß Schizophrene alles andere als dement sein müssen. In den guten Phasen ihrer Erkrankung muten sie durchaus normal an: ihre Geistesfunktionen sind nicht wesentlich gestört. Auch kennt man Spontanheilungen, die mit der Annahme einer toxischen Verblödung nicht harmonieren.

Daher wurde um 1911 von *Bleuler* der Begriff «Schizophrenie» oder Spaltungsirresein eingeführt. Der Akzent war damit auf die Dissoziation der Persönlichkeit gelegt. Das Zwiespältige, Dualistische im schizophrenen Prozeß war hierdurch gut zur Anschauung gebracht. Aber auch *Bleuler* neigte noch dazu, diese Erkrankung als einen orga-

nischen Prozeß zu sehen, bei dem allerdings das *psychologische Verstehen* zumindest teilweise möglich sei.
Als Untergruppen der Schizophrenie werden seit *Kraepelin* und *Bleuler* die Dementia simplex, die Katatonie, die Hebephrenie und die Paranoia beschrieben. *Sullivan* neigte dazu, die Dementia simplex als etwas Eigenständiges zu betrachten – sie ist für ihn die einzige schizophrene Psychose, die wahrscheinlich organisch bedingt ist und bei der zwischenmenschliche Schicksale und Ereignisse keine wesentliche Rolle spielen. Dementia-simplex-Patienten zeigen ein frühzeitiges «Versanden» ihrer kümmerlichen menschlichen Eigenschaften, so daß man hier vergeblich nach psychologischen Zusammenhängen sucht.
Die Katatonie ist nach *Sullivan* das eigentliche Schizophreniebild. Die übrigen Formen sollen nicht als völlig verschiedenartige Einheiten, sondern als dynamische Entwicklungen und als Funktionen der betroffenen Persönlichkeitsstruktur verstanden werden. Die zwischenmenschliche Vorgeschichte ist für den Verlauf und die Ausgestaltung der Krankheit entscheidend.
Wie viele menschliche Kommunikationsmöglichkeiten hatte der Erkrankte vor der Erkrankung? Nach *Sullivan* werden die jüngsten Erwerbungen der Persönlichkeit nicht so rasch zerstört, wenn ein Schizophrener in seinem präpsychotischen Leben irgendeine Form von menschlicher Intimität gekannt hat. Tritt dann im Zuge seiner unlösbar scheinenden Konflikte ein seelischer Zusammenbruch ein, so versucht der Patient, seine Probleme in der Art eines Traumes oder Nachtmahrs durchzudenken: damit gerät er in den katatonen Erregungszustand. Dieser kann beschrieben werden als Auflösung der Ichgrenzen; die verbalen Prozesse zerfallen, das persönliche Universum diffundiert, worauf Gedankeninhalte einströmen, auf die mit Panik reagiert wird. Das vom Nicht-Ich überschwemmte Selbst wird unfähig, zu planen und mit den realen Gegebenheiten zu

rechnen. Die Mißerfolge, die sich zwangsläufig bei allen nun folgenden Fluchtbewegungen und Mitteilungsversuchen einstellen, führen schließlich zu einer «Universalisierung des Sicherheitsbedürfnisses». Daraus ist etwa der katatone Stupor (Bewegungslosigkeit) zu verstehen, welcher dem Lebensgefühl entspricht: «Etwas muß getan werden, aber ich weiß nicht recht was!»

Formen der Schizophrenie II

Sullivan deutet die Stereotypien der Kranken, ihre magischen Rituale, ihre Reaktionslosigkeit oder ihr empfindlich-affektives Gebaren als Abwehr von Angst: man muß sich vorstellen, daß bei solchen Patienten (die einen privaten Weltuntergang erlebt haben) die Drohung wiederkehrenden Schreckens ständig am Saume ihres Bewußtseins lauert und daher alle noch verbleibenden Kräfte mobilisiert werden müssen, um neue Angsteinbrüche zu vermeiden.
Der weitere Prozeß ist etwa folgendermaßen vorzustellen: Nachdem das Selbst im «schizophrenen Morast» versunken ist, bildet sich ein fragmentarisches Selbst, das eine Art von Selbstheilungsversuch darstellt. Man kann die Psychose selber als die Wiederherstellung eines seelischen Gleichgewichts auf einer primitiven Ebene interpretieren. Aber die Krankheit verliert ihre Dynamik nicht: der Umweltskontakt ist hinter dem enormen Apparat schizophrener Sicherungen noch gewahrt und beeinflußt das Befinden der Kranken weit mehr, als man sich darüber Rechenschaft ablegt.
Dem «distanzierten Betrachter» erscheint das schizophrene Krankheitsgeschehen so sinnlos und uneinfühlbar, weil die Kranken in ihren Gedankenprozessen vom Mitteilungssprechen unvermittelt zum autistischen (frühkindlichen)

Reden, zu unartikuliertem Geräusch oder zum wortlosen Denken übergehen. Oft will der Schizophrene etwas sagen und sagt etwas anderes. Seine Neologismen (Wortneubildungen), die an die Kindersprache erinnern, hemmen die Verständigung. Aber wenn man den Sinn seines Sprechens und Verhaltens errät, kann man den Patienten auf ein höheres Mitteilungsniveau heben, so wie man einen Einschlafenden wach rütteln kann.

Nach *Sullivan* bleibt der Schizophrene auch in seinem Stupor aufnahmefähig und reagiert in seinen helleren Momenten auf manches, was man ihm in seiner schwersten Isolation und Abkapselung gesagt hat. Die Gedankengänge der Patienten gleichen einer «persönlichen Mythologie», die nach dem Vorbild frühester Kindheitslogik konzipiert ist. Ähnlich wie es in den Völkermythen geschildert wird, empfindet der Schizophrene das menschliche Leben unter den Aspekten von Gefahr, Angriff, Stärke, Schwäche usw. Er rechnet mit übermenschlichen Anfeindungen und will ihnen durch magische Operationen und Gedankenprozesse begegnen.

Das ständige Bedrohtsein erzwingt ein gesteigertes Bedeutungsbewußtsein beim Kranken. Für den Laien stehen oft Größenwahn und andere Zustandsbilder im Vordergrund: sie sind jedoch nur Ausdruck von kindlichen Verhaltensmustern, die im Wahnkranken zu neuem Leben erwachen.

Von der Katatonie aus gibt es Weiterentwicklungen, die nach *Sullivan* in die Paranoia oder Hebephrenie führen. Hebephrene sind Patienten, die nur wenig konsolidierte Intimität mit Mitmenschen hatten. Sie sinken in ihrer Erkrankung rasch auf grobe Anpassungsprozesse zurück, werfen soziale Gewohnheiten und Werte völlig über Bord. Daher die Beschränkung des Interesses auf die lustspendenden Körperzonen und der Versuch, auf rein biologischem Niveau zu leben. Hebephrene haben das Gefühl, nichts mit

Erfolg vollbringen zu können. Aus ihrer tiefen Demoralisierung folgen ihre Wurstigkeit, die Abweisung aller menschlichen Beziehungen, Obszönität und Unreinlichkeit. Alles versinkt bei ihnen in ein monotones Einerlei, bis sie sozusagen «versteinern», alle Brücken zur Menschenwelt abbrechen.

Die Paranoia

Paranoia oder Verfolgungswahn ist bereits ein Ausweg aus der katatonen Verzweiflung. Durch das paranoide Verhaltensmuster soll eine neue Sicherheit gewonnen werden, die die katatone Weltangst zum Verstummen bringt. Dies geschieht durch den sogenannten «paranoiden Dynamismus», den man bei «Gesunden» wie bei «Geisteskranken» findet: er besteht im wesentlichen darin, daß alle Elemente des Tadels und der Schuld auf *andere* Menschen übertragen werden, womit jede Intimität und Beziehung zu anderen verunmöglicht wird.

Die Methoden des Paranoikers stammen aus seiner seelischen Entwicklungsgeschichte. So etwa leitet schon die Angst vor der Strafe das Kind dazu an, Techniken der Entschuldigung und Verschleierung auszubilden, die die Erwachsenen täuschen sollen. Da es auf Unterdrückung nicht mit Zorn reagieren darf, breitet sich Ressentiment im kindlichen Seelenleben aus. Kommt es durch zahllose emotionelle Enttäuschungen mit wichtigen Beziehungspersonen zur «böswilligen Umwandlung der Persönlichkeit», so werden alle Menschen als potentielle Feinde angesehen. Dazu kommt, daß die Jugendlichen zumeist durch ihre Erzieher lernen, wie man andere verachten und herabsetzen kann: es ist ein Grundzug unserer Kultur, durch Mißachtung anderer das eigene Selbstwertgefühl zu stützen (wofür man etwa im Chauvinismus, im Rassenwahn, im

Fremdenhaß, in politischen und religiösen Ideologien brauchbare Beispiele finden kann).

Indes der Präschizophrene nach *Sullivan* menschlich sein will und es nicht kann, will der Präparanoide tadellos und unfehlbar sein. Man kann die Beobachtung machen, daß diese Haltung oft lange Zeit zu einer erfolgreichen Lebensbewältigung führen kann: aggressive und ehrgeizige Leute sind mitunter trotz ihrer paranoiden Tendenzen halbwegs lebensangepaßt. Die Krankheit bricht erst aus, wenn infolge der ewigen Nörgelei und Rechthaberei auf wichtigen Bahnen des Selbstwertstrebens (Liebe, Beruf usw.) Schiffbruch erlitten wird: dann wird das paranoische System als Abwehrmaßnahme aufgebaut, mit Universalisierung der Anklagehaltung, die prinzipiell jedermann als Feind empfindet. Die Angst vor menschlicher Nähe treibt den Paranoiden in sein Wahngebäude, wo sein Mißtrauen und seine Überempfindlichkeit schrankenlos walten können.

Man hat alle schizophrenen Erkrankungen mit der Etikette «Konstitution» in die Unheilbarkeit verwiesen. *Sullivan,* dessen Schizophrenielehre aus dem psychotherapeutischen Umgang mit solchen Patienten erwuchs, glaubte nicht an Vererbung und Konstitution. Seine diesbezüglichen Sätze müssen heute noch beherzigt werden, weil immer wieder der therapeutische Nihilismus das Schizophrenieproblem in die Konstitutionsforschung abgleiten lassen will:

«Was eine erbmäßige Grundlage für Geisteskrankheiten betrifft, habe ich eine einfache Stellungnahme dazu: es ist nichts bewiesen... Es gibt für mich keinen Zweifel, daß Geisteskrankheiten aus der Lebenserfahrung (Lebensgeschichte) erwachsen... Tatsächlich können wir solche Patienten heilen, weil nichts unveränderlich und unkorrigierbar ist; wir heilen durch die Verbesserung der Anpassung bestimmter Dynamismen an Lebensprobleme, könnte man sagen... Ich fürchte, ich komme nicht über meine Überzeugung hinweg, daß alle seelisch gestörten Persönlichkeiten ein Produkt frühzeitiger Fehlorientierung in ihrem Leben bedeuten, mitunter so schwerwiegend, daß eine günstige Entwicklung nur unter großen Anstrengungen zu erzielen ist» (Clinical Studies, S. 359/60).

Psychotherapie an Schizophrenen

Es ergab sich aus *Sullivans* Stellungnahme zwangsläufig, daß er ein entschiedener und profilierter Repräsentant der Psychotherapie an Schizophrenen war. Seine diesbezüglichen Behandlungserfolge haben ihn schon in den dreißiger Jahren berühmt gemacht. Im Umgang mit seinen schizophrenen Patienten ging er von der zutiefst humanen Anschauung aus, daß in jedem Kranken – auch im Psychotiker – immer mehr Allgemeinmenschliches als Besonderes sei. An diese durch die Krankheit verstümmelte oder entstellte Menschlichkeit anzuknüpfen, erschien ihm als das zentrale Anliegen der analytischen Psychotherapie. Die (*Freud*sche) Auffassung, daß der Schizophrene übertragungsunfähig und damit nicht behandelbar sei, widerlegte er mit der Erklärung, daß beim schizophrenen Patienten «alles Übertragung ist». Diese ist unter Umständen so stark, daß sich der Patient an den Psychotherapeuten mit derselben Intensität anschließt wie ein Säugling an die Mutter, die für ihn Nahrung und Leben bedeutet.

Von der Voraussetzung ausgehend, daß der Schizophrene zeit seines Lebens das Gefühl der Geborgenheit entbehren mußte und schon als Kind nicht recht Kind sein durfte, hat *Sullivan* die Schlußfolgerung gezogen, daß man mit dem Patienten psychotherapeutisch die Kindheit neu beginnen müsse. Der Psychotherapeut muß sich mütterlich seines Patienten annehmen; er versucht, auf seine Wünsche einzugehen, ihm seine Krankheit durch vorsichtige Deutungen verständlich zu machen und so eine Neuerziehung zu unternehmen, die mitunter im Stadium des «Flaschenkindes» ihren Anfang nimmt, selbst wenn der Patient bereits ein erwachsener Mensch ist. Eine der wichtigsten Grundlagen dieser Therapie ist, daß der Therapeut in die *individuelle Welt des Kranken* eindringen muß; der Patient gibt durch sein Verhalten, seine Äußerungen und seine Bedürfnisse den Weg an, den man in Richtung auf ihn beschreiten muß; dabei ist, wie man auch aus den bewundernswert schönen Arbeiten der *Sullivan*-Schülerin *F. Fromm-Reichmann* entnehmen kann, die lebendige Einfühlung und das Sichidentifizieren mit dem Kranken das Entscheidende, weil es zu jener Hellsicht führt, die im richtigen Moment das Richtige tun läßt.

Sullivans und seiner Schüler Arbeiten lassen keinen Zweifel darüber, daß sich der Psychotherapeut hier auf gefährlichem Grund bewegt, und daß es kaum eine Aufgabe gibt, die ein derart hohes Maß an seelischer Gesundheit und auch Einsatzwillen für den leidenden Menschen erfordert wie die Therapie Schizophrener. Der Psychotherapeut muß sich in der Regel durch eine Mauer von Abwehrmechanismen durcharbeiten, bis er an den Kranken herankommt; er darf vor Beleidigungen und Zurückweisungen nicht zurückschrecken, er muß seine persönliche Eitelkeit hintansetzen gegenüber der gewaltigen mitmenschlichen Aufgabe, einen in den Wahn «verstiegenen» Menschen in die «Mitwelt» zurückzuholen. Dabei muß man dem Kranken unerschütterlich vorleben, daß die Realität auch für ihn positive Beziehungsmöglichkeiten hat – seine (krankhafte) Art, sich mit anderen in Beziehung zu setzen, welche der Therapeut in den Übertragungsstürmen über sich ergehen lassen muß, kann nur dann abgeändert werden, wenn man dem Kranken die Möglichkeit gibt, seine Problematik auszudrücken und hierbei im Kontakt mit einem Helfer seiner selbst bewußt zu werden.

PSYCHOTHERAPIE

Das psychiatrische Interview

Nachdem *Sullivan* die Psychiatrie als Lehre von den zwischenmenschlichen Beziehungen definiert hatte, mußte es für ihn besonders interessant sein, eine ganz spezielle menschliche Beziehung eingehend zu analysieren, und zwar diejenige zwischen Psychotherapeut und Analysand. Seiner Auffassung nach muß das ganze psychiatrische Lehrgebäude um die aus der psychotherapeutischen Situation gewonnenen Einsichten aufgebaut werden; alle übrigen Daten, die aus Experimenten und aus «teilnahmsloser Beobachtung» sich ableiten lassen, haben immer nur sekundären Rang. Den Versuch, alle Einzelheiten des analytischen Prozesses sorgfältig zu studieren, macht *Sullivan* in dem postum herausgegebenen Buch «*Das psychiatrische Interview*»: hier wird mit beispielloser Gründlichkeit jede Reaktionsmöglichkeit beim Therapeuten wie beim Analysanden beschrieben.

Als «psychiatrisches Interview» bezeichnet *Sullivan* «eine *Zweiergruppe,* mehr oder weniger mit beidseitigem Einverständnis aufgebaut, die sich fortlaufend auf der Basis Fachmann–Hilfesuchender entfaltet mit dem Zweck, charakteristische Verhaltensmuster im Leben des letzteren abzuklären, welche dieser als besonders belastend oder wertvoll empfindet und von deren Abklärung er Vorteile erhofft» (Psych. Interview, S. 4).

An sich ist das «Interview» ein Gespräch, aber *Sullivan* legt Nachdruck auf den Hinweis, daß nicht nur mit Worten gesprochen wird. Menschliche Kommunikation enthält neben Worten auch Gesten, Mimik, Tonfall, Aussprache, Schweigen usw., die allesamt bedeutsame Mitteilungen sind. Selbst der Blick des Menschen ist «sprechend». Alle diese Fakten müssen vom Therapeuten empfunden werden, wenn er den Kontakt mit seinem Analysanden reichhaltig gestalten will.

Aus der obigen Definition müssen einige Details näher erläutert werden. Die «Zweiergruppe» ist nicht unbedingt notwendig: in der Gruppentherapie wird oft unter der Beteiligung von fünf bis zehn oder mehr Personen gearbeitet. Auch in der Einzeltherapie kann es manchmal hilfreich sein, wenn ein Lehranalysand (oder Wärter in einem Sanatorium) der Besprechung beiwohnt. Abgesehen davon sind immer, wenn zwei Menschen sich unterreden, eine Unzahl «imaginärer Personen» aus ihrem bisherigen Leben mitbeteiligt: darüber wird noch weiter unten genauer zu berichten sein.
Was ist ein seelenärztlicher «Fachmann»? Von ihm – sagt *Sullivan* – wird «eine außergewöhnliche Kenntnis zwischenmenschlicher Beziehungen erwartet, und da alle seine Betätigung ‹teilhabende Beobachtung› von Menschen ist, muß er auch besondere Geschicklichkeit im Umgang mit ihnen haben. Indem alle, die zu ihm kommen, definitionsgemäß ziemlich unsicher sind, darf der Seelenarzt nicht persönliche Befriedigung oder Prestige auf ihre Kosten suchen. Er sucht nur die notwendigen Daten (Tatsachen), um dem Patienten helfen zu können, und für diese Dienste wird er bezahlt» (Psych. Interview, S. 12).
Sullivan deutet an, daß Psychotherapie eine schwere Arbeit ist, die viel Aufmerksamkeit, Anspannung und Einsatzbereitschaft erfordert. Für persönliche Eitelkeiten ist hier wenig Raum. Jedermann, der sich ehrlich mit der Kompliziertheit menschlicher Lebensschwierigkeiten und Persönlichkeitsstörungen auseinandersetzt, erlebt sehr bald, wie groß das Feld und wie klein noch die menschliche Einsicht ist. Seelisch kranke Menschen sind sehr diffizil zu behandeln: sie registrieren seismographisch die Unzulänglichkeiten ihres Gesprächspartners; im Maße, als dieser selbst *Persönlichkeit* ist, kann er anderen zur inneren Entwicklung verhelfen.

Untersuchung der Lebensschwierigkeiten

Wenn man die Lebensschwierigkeiten eines Menschen verstehen will, geht es in erster Linie darum, sein Verhalten zu den Mitmenschen zu studieren. Dies ist eine ungewöhnlich schwierige Aufgabe. Die meisten Menschen glauben zwar, Menschenkenner zu sein: in Wirklichkeit liegt diese große Kunst noch in ihren Anfängen. Wir leben alle mit Menschen zusammen, die wir nur oberflächlich kennen.

Die Psychotherapie will alle wesentlichen Verhaltensmuster des Ratsuchenden ausfindig machen, die für ihn charakteristisch sind und mit denen er anderen Menschen begegnet. Solche «Muster» haben unzählige Feinheiten, deren sich der Betroffene selbst nicht bewußt ist. Daher sieht er seine Nöte zumeist als Folge von Körperkrankheit, Vererbung, angeborener Deformation und muß erst darauf aufmerksam gemacht werden, daß sein Wohlbefinden von Einstellungsnuancen zur Umwelt abhängt. Bis in die Körperfunktion hinein ist der Mensch von den Mitmenschen abhängig. Man weiß viel zuwenig hiervon, weil man weder sich noch die anderen versteht.

Erwerb von Selbst- und Menschenkenntnis ist der große Gewinn einer psychotherapeutischen Behandlung. Der Nutzen, der hieraus zu ziehen ist, ist nicht zu übersehen. Auf Grund seiner «Vorgeschichte» hat jeder Patient Lükken und Einseitigkeiten in seinem Seelenleben: diese hemmen empfindlich seine innere Entwicklung und sein Fortkommen in der Welt. Macht er in dieser Beziehung nutzbringende Erfahrungen, so bedeutet dies für ihn eine merkliche Ausweitung seines Lebenshorizontes und seiner Empfänglichkeit für menschliche und kulturelle Werte. Das Ziel dieses Prozesses ist *vermehrte Reife,* was immer auch erhöhte Liebesfähigkeit und Produktivität in sich schließt.

Wenn der Therapeut (Interviewer) in der Gesprächsführung geschickt ist, wird es ihm gelingen, einen guten Kontakt mit seinem Ratsuchenden aufzubauen, was entscheidend ist, wenn letzterer offen über sein Wesen und seine Eigentümlichkeiten sprechen soll. Der Interviewer «muß herausfinden, wer sein Patient ist – das heißt, er muß den Lebenslauf des Patienten erforschen, der diesen zu dem gemacht hat, was er ist, was sein Hintergrund an Lebenserfahrung beinhaltet. Und auf der Basis dieser Einsicht muß der Interviewer (Therapeut) erkennen, was die betreffende Person im Leben als problematisch und schwierig ansieht... Was immer man hierbei an Schwierigkeiten findet, soll einen nicht übersehen lassen, daß jedermann in unserer Kultur Lebensprobleme hat... Ich denke, es ist unserer Gesellschaftsordnung zuzuschreiben, daß niemand ein Leben mit voller Genugtuung, stabilem Selbstwertgefühl usw. führen kann» (Psych. Interview, S. 18).

Da ein Großteil der Kenntnisse des Psychotherapeuten vom Ratsuchenden mitgeteilt werden muß, ist dessen Mitarbeit in der Therapie unabdingbar. Er kann nicht nur passiv die Behandlung über sich ergehen lassen. Ihn zur Mitteilsamkeit über sein Leben und seine Schwierigkeiten zu veranlassen ist ein Bestandteil der psychotherapeutischen Kunst. Je mehr der Patient das Gefühl hat, verstanden zu werden und im Behandlungsgespräch etwas zu lernen, um so eher wird er bereit sein, sich in ihm rückhaltlos zu eröffnen. Vieles, was er hierbei sagen muß, mag für ihn schmerzlich sein; aber die Gewißheit, daß der Gesprächspartner davon nur guten Gebrauch machen wird, erleichtert die Überwindung der Angst, die jedem Klärungsprozeß im Wege steht.

Teilhabende Beobachtung

Der Psychotherapeut muß nach *Sullivan* ein «teilhabender Beobachter» sein. Er kann nicht kalt und unbeteiligt die

Leiden seines Patienten diagnostizieren und in emotioneller Reserviertheit die Behandlung durchführen. Psychotherapie ist nicht nur eine intellektuelle Angelegenheit. Sie spielt sich auf der Ebene des Gefühls ab und ist eine intensive Beziehung zweier Menschen, die sich wechselseitig miteinander identifizieren. Der Arzt reagiert hier auf die Probleme seines Patienten auch mit seinen unbewußten Gefühlen; das Verhalten des letzteren provoziert bei ihm Ängste, Unsicherheiten, Empfindlichkeiten usw., die man bei menschlichen Kontakten kaum je vermeiden kann. Der Psychotherapeut hat nur dann eine Chance, hilfreich einzugreifen, wenn er sich dieser persönlichen Beteiligung möglichst weitgehend bewußt ist. Ist dies nicht der Fall, so spielen sich in der Behandlungssituation Vorgänge ab, die vom Behandelnden nicht realisiert werden. Er verliert die Kontrolle über die Ereignisse, was für den Verlauf der Therapie eine recht ungünstige Prognose bedeutet.

Freud hat unter dem Begriff «Übertragung» erstmals auf diese Wechselwirkung von Therapeut und Patient hingewiesen. Seine mechanistische Deutung des Problems kann ruhig fallengelassen werden: aber es bleibt die Tatsache, daß die psychotherapeutische Situation im Spannungsfeld emotioneller Kräfte steht, wobei beide Beteiligten als Menschen *ganz in ihr engagiert* sind. *Freuds* Vorschrift, daß der Therapeut «objektiv wie ein Spiegel» das Verhalten des Patienten reflektieren soll, ist kaum einzuhalten; fraglich auch, ob derlei überhaupt wünschenswert ist. Die freundlich-wohlwollende Zuwendung zum Patienten ist für seine Weiterentwicklung ein unentbehrliches Stimulans.

Der Patient, der den Psychotherapeuten konsultiert, ist in einer Notlage, die er selber nicht durchschauen kann. Würde er diese in vollem Ausmaße verstehen, so wäre kein Grund für analytische Hilfe vorhanden. Man kann Notsituationen, in die man hineingerät, durch bewußte Auseinandersetzung in der einen oder anderen Weise auflösen:

man zieht sich aus ihnen zurück oder man einigt sich mit den übrigen Beteiligten auf einen Kompromiß, der tragfähig erscheint. Dies ist dem Psychotherapiepatienten in der Regel nicht möglich, weil er die komplizierte Lage, in der er sich befindet, infolge von ungelösten Problemen und Konflikten seiner Vorgeschichte viel dramatischer und oft als ausweglos empfindet. Er erwartet vom Psychotherapeuten, daß er sich seiner beschützend und wegweisend annimmt; er will auf seine Gefühle der Angst und Unsicherheit ein Echo der Beruhigung und Bestätigung erfahren. Dies kann der Therapeut nur leisten, wenn er in der Therapiesituation mit warmherziger Anteilnahme auf die Nöte seines Ratsuchenden eingeht.

Die innere Beteiligung ist auch deshalb sehr bedeutsam, weil der Patient unwillkürlich in seinen Arzt alle seine positiven und negativen Lebenserfahrungen hineinprojizieren wird. Dieser Projektionsmechanismus ist in allen intimen Beziehungen nicht zu vermeiden: die emotionelle Vergangenheit färbt die Gegenwart. *Sullivan* nennt dies parataxische Verzerrungen: man sieht im Mitmenschen alle möglichen Personen und Personenfragmente, die einst unser Leben beeinflußt haben. Diese Projektion «durchzustehen» (was mühsam ist, weil dies viele Mißverständnisse, Beunruhigungen usw. schafft) und zu korrigieren ist eine der «heilenden» Funktionen des Psychotherapeuten.

Die Erwartungen des Patienten

Der Patient tritt mit bestimmten Erwartungen in die psychotherapeutische Situation ein. Diese sind teilweise berechtigt, teilweise unberechtigt. Oft möchten die Patienten nur von bestimmten Symptomen befreit werden; eine echte Umstellung von Persönlichkeit und Charakter liegt nicht in ihrem Plan. Dafür müssen sie unter Umständen erst nach Einleitung der Behandlung gewonnen werden. Der Psychotherapeut muß jedenfalls auf die Wünsche und Hoffnungen des Ratsuchenden eingehen, selbst wenn er genötigt ist, diesen mit der Zeit von falschen Vorstellungen abzubringen.

Immerhin weiß der Patient, daß er sich zu einem «Fachmann» begeben hat, der auf einem bestimmten Gebiet die Funktion eines «Experten» ausübt. Von diesem soll etwas gelernt werden, etwas, was mit der «Kunst des Lebens» zusammenhängt. *Sullivan* schreibt:

«Vom Seelenarzt wird erwartet, daß er tiefgreifende Kenntnisse auf dem Gebiet der menschlichen Beziehungen besitzt, und zwar sehr ausgedehnte oder sehr detaillierte, oder beides. Man nimmt von ihm an, daß er praktisch mit allen Dingen vertraut ist, die im zwischenmenschlichen Bereich vorkommen, und daß er diesbezüglich auf jedem erörterten Gebiet mehr weiß als sein Patient (sofern ‹Menschliches› in Frage steht). Man verlangt von ihm, daß er die Technik teilhabender Beobachtung so beherrscht, daß er im Gespräch mit einem anderen Menschen mehr in Erfahrung bringt, als man von einem durchschnittlich intelligenten Menschen gewohnt ist. Er *erfaßt* mehr; er ist besser informiert über all das, was in seinen menschlichen Beziehungen vorgeht – besser sogar als talentierte, aber nicht geschulte Leute. Und diese Geschicklichkeit wie auch seinen Kenntnisreichtum soll er in der Gestaltung seiner Beziehung zum Patienten bezeugen – eine Erwartung, in der gelegentlich viele Patienten schmerzlich enttäuscht werden» (Psych. Interview, S. 29).

Wenn es der Patient noch nicht weiß, so soll er im Verlaufe der Behandlung darüber aufgeklärt werden, daß diese ihm ein «Bild» seiner selbst und seiner Mitmenschen vermitteln soll: eine möglichst klare Sicht über seine Vorzüge und Schwächen und vor allem einen Einblick in seelische Handicaps, die seinen Umgang mit für ihn bedeutsamen Beziehungspersonen entscheidend beeinträchtigen. Nach tiefenpsychologischer Erkenntnis sind derartige psychische Unzulänglichkeiten erst dann richtig verstanden, wenn sie auf ihren Ursprung in der Kindheit des Patienten zurückgeführt werden: das Studium der Lebensgeschichte wird zur wertvollen Quelle, die unerschöpfliches Anschauungsmaterial über die fehlerhaften Lebenseinstellungen des Ratsuchenden liefert. Alle psychotherapeutischen Ratschläge – sofern der Therapeut überhaupt «Ratschläge» gibt, was tunlichst eingeschränkt oder gar vermieden wird – erwachsen aus der intensiven Zusammenarbeit mit dem Patienten, die aus dem Studium von dessen Lebenslauf die charakterlichen Grundprobleme «in den Griff» bekommt, wodurch Anhaltspunkte für wesentliche *Charakterveränderungen* gegeben sind.

Aber diese Änderungen müssen bereits in der Psychotherapie angebahnt werden. «Hier und jetzt» muß der Patient *erleben,* daß eine Wandlung möglich ist. Was hierzu inspiriert, ist nach *Sullivan* die Begegnung mit einem Menschen (dem Therapeuten), der Achtung und Wertschätzung für den Patienten hat, der seine Sicherheit erhöht und ihm damit Lebensangst abnimmt.

Die Leitung des Gesprächs

Die psychotherapeutische Kunst (oder Technik) beruht darauf, daß innert möglichst kurzer Zeit die wichtigen Fakten aus dem Leben und den Einstellungen des Patienten ermittelt werden. Zu diesem Zwecke muß der Therapeut das Gespräch «führen»: nicht in einem diktatorischen Sinne, wobei er sein Geltungsstreben auslebt, sondern in einer klaren und zielbewußten Weise, die auf ergiebige Fragen und

Probleme hinsteuert. Nichts beunruhigt den Patienten mehr, als wenn er spürt, daß das Gespräch «im Kreise herumgeht», daß es «nirgendwohin» führt: sein Vertrauen wird dadurch wesentlich stark herabgemindert. Fühlt er aber, daß sein Berater weiß, worauf es ankommt, so ist er gerne bereit, sich von ihm lenken zu lassen.
Daher geht es immer um ein «gezieltes Sprechen», um ein Anvisieren von Lebensschwierigkeiten, die – wie der Therapeut weiß – beim Patienten zu erwarten sind. Takt, Wohlwollen und Besonnenheit erleichtern sehr die Erörterung schmerzlicher und angstgeladener Erlebnissphären. Dasselbe gilt auch für den Umstand, daß man den Patienten, der auf Nebengeleise abschweift, zum Hauptthema zurückführen muß. Da die Psychotherapie mit erheblichem Kostenaufwand für den Patienten verbunden ist, soll in ihr keine Zeit vergeudet werden: ein Grund mehr, in der therapeutischen Bemühung ein Stück echter *Arbeit* zu sehen, die ihres Lohnes wert sein soll.
Sullivan warnt davor, den Patienten zur Befriedigung der Neugier und selbst des Forschungseifers des Therapeuten zu gebrauchen. Dies wäre inkorrekt, selbst wenn die Motive anscheinend – Fortschritt der Wissenschaft! usw. – nobel sein können. Der Patient soll spüren, daß alles, was in der Behandlung vorgenommen wird, nur *seinethalben* geschieht.
Die Verwendung von wohltönenden Fremdwörtern, die an sich wenig besagen, ist auch nicht empfehlenswert. Viele Patienten erfahren von ihren Therapeuten, daß sie eine «Mutterbindung» hätten, und mit dieser Etikette gehen sie dann durchs Leben. *Sullivan* belustigt sich über diese Etikettiertechnik: im Grunde ist jeder Patient ein einzigartiger Fall, und was er mit seiner Mutter erlebt, ist ebenso einmalig, so daß der vage psychoanalytische Begriff hierüber nichts zum Ausdruck bringt. Gute Analytiker vermeiden es, den Patienten das Fachvokabular beizubringen, dessen

versierter Gebrauch viele Leute über ihr Nichtgeheiltsein hinwegtäuscht.

Auch für die persönliche Eitelkeit des Arztes ist in der Psychotherapiesituation kein Platz. Seelisch kranke Menschen sind sehr hellhörig für die Charakterfehler anderer: sie machen dann schnell den Therapeuten zum Patienten, wenn dessen Schwächen augenfällig werden.

Die Aufklärung des Ratsuchenden muß derart entschieden und ernsthaft in Angriff genommen werden, daß für die Selbstbespiegelung des Therapeuten kaum ein Anlaß bleibt. *Sullivan* betont, daß man zunächst viele anti-psychologische Vorurteile des Patienten aus dem Wege räumen muß. In unserer Kultur wächst jedermann mit folgenden «Irrtümern» auf: 1. Man soll keine fremde Hilfe benötigen. 2. Man muß sich doch selber kennen. 3. Was die menschliche Natur ist, ist doch bekannt. 4. Man soll sich von der «Logik» und von seinen «Instinkten» leiten lassen. 5. Man muß im Leben über alle Schwierigkeiten hinwegkommen. 6. Man soll immer unabhängig sein.

Diese Argumente spiegeln den *Egozentrismus* unserer Kultur und stören die psychotherapeutische Arbeit, wenn sie nicht schon deren Aufnahme verhindern.

Phasen des psychotherapeutischen Prozesses

Wenn sich der Patient dennoch entschlossen hat, die psychotherapeutische Kur zu beginnen, soll diese auch fachgemäß durchgeführt werden. *Sullivan* war sich wohl bewußt, daß die heutige psychotherapeutische Ausbildung noch viel zu wünschen übrigläßt. Sein Einsatz ging dahin, die Ausbildungsmethoden für Psychotherapie zu verbessern. Er hat selber auch jahrelang Vorlesungen und Kurse gehalten, in denen Sozialarbeiter, Psychologen und Ärzte gründlich geschult wurden. Ein Teil der postum herausgegebenen Werke beruht auf Tonbandaufnahmen solcher Kurse.

Sullivan unterscheidet vier Stufen der seelenärztlichen Behandlung. Eine solche Schematisierung ist immer künstlich, aber sie soll dem Anfänger als eine Art Denkgerüst die Orientierung erleichtern. An der Beachtung dieser Stufenfolge und der in ihr speziell enthaltenen Problematik ist das Therapieresultat nicht unwesentlich gebunden.

Eine erste Klippe ist der *Behandlungsbeginn*. Wir haben bereits geschildert, mit welchen Hemmungen, Ängsten und Vorurteilen der Patient sich auf die Therapie einläßt. Daraus läßt sich leicht ableiten, wie groß die Bedeutung der anfänglichen Begegnung der beiden Therapiepartner ist. Der Therapeut wird nach Möglichkeit suchen, bald Information über seinen Patienten zu erhalten: mitunter wird ihm dieser zugewiesen, wobei eventuell Berichte über die Erkrankung, Notlage usw. vorliegen. Ungeachtet dessen muß die Gesprächsführung die Anknüpfung eines persönlichen Kontaktes mit dem Analysanden beinhalten; es muß eine vorläufige (taktvolle) Diagnose gestellt werden, die die Einleitung der Behandlung rechtfertigt; auch technische Details (Stundenzahl, Honorierung usw.) sollen ohne Aufschub geregelt werden.

Über diese «Première» sagt *Sullivan* bedeutungsvoll:

«Auf dieser Stufe des Gesprächs muß sich der Seelenarzt daran erinnern, daß der Patient für ihn ein Fremder ist – sogar wenn er unter anderen Bedingungen ein alter Freund von ihm ist. So kann der Therapeut nicht wissen, was für einen Eindruck seine Worte oder Handlungen dem Fremden machen, denn er kennt nicht seinen Hintergrund und nichts von seinen wahrnehmungsverfälschenden Gemütsdispositionen (Parataxien), die dessen Eindrücke sehr beeinflussen. Der Seelenarzt muß daher sehr wachsam sein, um zu sehen, wie er und seine Verhaltensweisen auf den anderen wirken,

und gleichzeitig muß er beachten, wie er von dem, was der Fremde sagt oder tut, berührt wird. Der Arzt muß auf dieser Stufe jede Komplikation vermeiden, denn der Beginn der Behandlung kann deren Erfolg außerordentlich beschleunigen oder verunmöglichen» (Psych. Interview, S. 49).
Auf den Beginn folgt die *Anamnese,* Erarbeitung der Vorgeschichte, womit man erkennen will, wie der Patient zu dem geworden ist, was er nun ist. Die ganze Lebensgeschichte wird hier aufgerollt. Alle persönlichen Lebensumstände – einst und jetzt – sind wichtig.
Dies leitet über zur *detaillierten Befragung,* die bereits das kontinuierliche Gespräch bedeutet. Nun tritt man auf Einzelheiten ein, klärt sorgfältig ab, belehrt, deutet, macht die Weichenstellungen im Lebenslauf des Patienten verständlich. Kommt dies im Laufe der Zeit zu einem deutlichen Erfolg, so wird die Therapie *beendet,* was wiederum technisch einwandfrei geschehen muß. Ein ähnliches Problem taucht schon in der Beendigung von einzelnen Sitzungen oder Behandlungsphasen auf: auch hier ist Kunst notwendig, um die richtigen Akzente zu setzen.

Die Beziehung Analytiker–Patient I

Aus dem ungezwungenen psychotherapeutischen Gespräch soll sich eine lebendige Beziehung zwischen Arzt und Patient entfalten. Was geschieht auf emotioneller Ebene zwischen den Beteiligten? Eine erste Feststellung ist die, daß zwischen ihnen eine menschliche Situation integriert wird. Sie gehen eine Beziehung miteinander ein. Das Studium der Dynamik menschlicher Situationen lag *Sullivan* besonders am Herzen. Welche Triebkräfte entscheiden den produktiven oder unproduktiven Verlauf menschlicher Gemeinschaftsbildungen?

Die beiden Kontrahenten einer «Situation» werden durch Bedürfnisse, Interessen, Wünsche zusammengeführt. *Reziproke Motivation* ist erforderlich, wenn menschliche Beziehungen aufgenommen, aufrechterhalten und gefestigt werden sollen. Im Falle der Psychotherapie ist es klar, daß der Patient die Heilung wünscht, der Arzt ideelle und materielle Interessen hat. Die Harmonie der beiderseitigen Motive ist vielfältig bedroht.

Der Patient kann nur «bei der Stange» gehalten werden, wenn er spürt, daß er vorankommt. Er muß über seine Fehler und Vorzüge Klarheit gewinnen und zur Überwindung der ersteren angeleitet werden. Dazu dient die psychotherapeutische Situation selber, die die Reaktionsweisen des Ratsuchenden immer wieder enthüllt: der Therapeut erfährt sozusagen am eigenen Leibe, wie sein Gegenüber auf Mitmenschen wirkt. Dies muß er affektlos aufnehmen und durch Ermutigung zu ändern suchen. Seine eigene Persönlichkeit fällt hierbei enorm ins Gewicht; sein Wissen, seine Geschicklichkeit, sein menschliches Format bestimmen die Menge der Daten, die ihm aus den Äußerungen des Patienten zufließen.

Es braucht eine feine und geschulte «Registrierfähigkeit», um aus den Worten des Patienten zu entnehmen, wo sein Lebensgefühl eingeengt, wo seine Einstellungen deformiert sind. Dem Kenner wird dies nicht nur aus bestimmten *Zeichen* deutlich; auch das *Fehlen* zu erwartender Reaktionen oder Stellungnahmen ist aufschlußreich. Die Kunst des psychologischen Gesprächs hat tausenderlei Facetten, die noch zu erforschen sind.

Um hier nicht fehlzugehen, muß der Seelenarzt mit voller *Aufmerksamkeit* in seinen psychotherapeutischen Gesprächen «dabeisein». Diese Aufmerksamkeit kann er nicht mit bewußten Vorsätzen erzwingen: sie ist selber Resultat tieferer seelischer Vorgänge, unbewußter Grundhaltungen. Man ist immer nur dort aufmerksam, wo das persönliche

Interesse angesprochen ist. Interesse selbst wieder entspringt der grundlegenden Lebensorientierung, ist Resultante von Charakter, Wertgefühl, Richtung des unbewußten Strebens. Daher muß der Psychologe «mit dem Herzen» seine Arbeit ausführen: alles andere ist nur Pseudotherapie, ohne Nutzeffekt für den Patienten. *Sullivan* sagt: «Es gibt keine seelenärztlichen Daten, die von einer distanzierten Position gewonnen werden können von jemand, der nicht zum Patienten *in Beziehung steht*» (Psych. Interview, S. 57).

Da Gespräche und zwischenmenschliche Situationen etwas Lebendiges sind, entwickeln sie sich in unvorhergesehener Weise, mehr oder minder regellos. Darum das Erfordernis der Wachheit des Therapeuten, seiner ständigen konstruktiven Bereitschaft, die Beziehung besser und verständnisvoller zu gestalten. Daß dies nur bei Achtung vor der Persönlichkeit des Patienten möglich ist, sollte inzwischen klargeworden sein.

Die Beziehung Analytiker–Patient II

Eine Gesprächsführung über längere Zeit hinweg kann nur dann produktiv und störungsfrei verlaufen, wenn der Gesprächsleiter so weit geschult (und menschlich reif) ist, daß ihm keine unbewußten Gemütsäußerungen passieren, die das Gespräch beeinträchtigen. Dies geht sowohl Mimik wie auch Gestik an, Intonation, Wortwahl usw. Schon mit einem Stirnrunzeln kann man einen sensiblen Menschen – und dies sind fast alle Patienten – von der Erörterung bestimmter Themen abhalten. Gruß und Abschied zum Beispiel können «unwillkürlich» so ausfallen, daß sie den Patienten beunruhigen, ihn Unfreundlichkeit vermuten lassen und dergleichen mehr. Oft spürt der Analysand Mißbilligung in der Haltung der Analytikers: dagegen wäre an sich nichts einzuwenden, wenn dies auch *begründet* wird, so daß es der Patient versteht; irrationale, unbewußte Mißbilligungen jedoch sind therapeutisch wertlos.

Fehler wird auch der Therapeut immer wieder machen, und wie jeder andere Arzt wird er im Verlaufe seiner Tätigkeit auf ungeschickte, eventuell auch unglücklich ausgehende Behandlungsversuche zurückblicken müssen. *Sullivan* will dem Analytiker nicht Fehlerlosigkeit empfehlen; er rät jedoch: «Der Arzt sollte so wachsam sein, daß er sich korrekt in Erinnerung rufen kann, was er gesagt und getan hat, so daß er lernen kann, es besser zu tun» (Psych. Interview, S. 71).

Mitunter kommt die Situation zustande, daß der Patient den Therapeuten auf angebliche oder tatsächliche Verhaltensfehler aufmerksam macht. Dies ruhig zur Kenntnis zu nehmen und sachlich zu erörtern kann den weitern Behandlungsstil begünstigen. Der Patient lernt unter Umständen dabei, wie man ohne persönliche Empfindlichkeit eigene Fehler diskutieren kann; auch sieht er, daß ihn der Therapeut selbst dann ernst nimmt, wenn er in seiner psychischen Labilität aggressiv wird.

Alle Mitteilungen des Patienten sind von seiner Gemütslage getönt, und Gefühle haben immer die Eigenschaft, ansteckend zu wirken. Affektive Prozesse, wenn sie unbemerkt verlaufen, konstellieren Situationen, in denen sie sich «abreagieren» können: die Therapie ist jedoch nicht dazu da, Abreaktionen zu ermöglichen, sondern die Affektbereitschaften festzustellen und abzuändern. Patienten haben oft jahrzehntelang ihre seelischen Dispositionen und Deformationen «gelebt», ohne daraus zu lernen: indem sie in der Analyse auf einen «Partner» stoßen, der auf ihr Verhaltensmuster *nicht* «einschnappt», können sie zur Besinnung kommen und sich selber verstehen lernen. Bis in seine feinsten Verhaltensfragmente hinein muß der Analytiker

«den Kopf oben behalten», das heißt nicht das Ziel aus den Augen verlieren, daß dem Patienten erhöhte Bewußtheit seiner selbst und seiner mitmenschlichen Beziehungen vermittelt werden muß.
Man stößt hierbei immer wieder auf das Problem der *Angst*, das in *Sullivans* Lehre im Mittelpunkt steht. Angst ist – wie bereits an anderer Stelle definiert – die Vorwegnahme verminderter Wertschätzung durch bedeutsame Beziehungspersonen. Auch der Analytiker ist eine solche Beziehungsperson, und er hat einen verängstigten Menschen vor sich, der durch seine Lebenserfahrung von früher Kindheit an auf Unterschätzung seiner Person und alle möglichen «Gefahren» in zwischenmenschlichen Beziehungen «sensibilisiert» ist. Das Schicksal des Analytiker–Patient-Verhältnisses hängt nicht zuletzt davon ab, daß der erstere dem letzteren unnötige Angst und Unsicherheit ersparen kann.

Psychotherapie und Selbstsystem

Über die Anfänge des Selbstsystems und die ihm eigentümliche Form von Aktivität ist bereits weiter oben berichtet worden. Es darf nochmals in Erinnerung gerufen werden, daß das Selbst unter dem Einfluß erzieherischer und kultureller Erfahrungen ins Leben gerufen wird: es strebt hernach auf jenen Bahnen voran, die soziale Billigung finden und damit Angstfreiheit oder Euphorie ermöglichen. Sicherheitsmaßnahmen – darauf gerichtet, das Wertgefühl aufrechtzuerhalten – sind die Lebensäußerung des Selbst. Auch in der analytischen Situation ist das Selbstsystem beider Beteiligten ständig in Funktion. Beim Therapeuten sollte es flexibel, relativ angstfrei und möglichst wenig eingeengt sein: beim Patienten ist es nicht selten das Gegenteil hiervon. Man muß darauf bedacht sein, Zusammenstöße mit dem Selbstsystem des Patienten zu vermeiden; man kann es aber auch nicht völlig unbehelligt lassen, denn in seiner Strebensrichtung sind die Störungen und Lebensschwierigkeiten des Ratsuchenden begründet. *Sullivan* anerkennt im Menschen einen grundlegenden «Antrieb zur seelischen Gesundheit» – aber dieser Gesundheits «wille» ist durch vielfältige Ängste verformt und behindert.

Demgemäß muß man zuerst die Angst des Ratsuchenden beschwichtigen, bevor man sein Selbstsystem abändern kann. Angriffe auf das Selbst ohne vorher zustande gekommene feste Vertrauensbasis enden unglücklich: bestenfalls läuft der Patient davon. Es ist eine der schwierigsten Aufgaben der Therapie, das Selbst zu korrigieren, ohne Abwehrreaktionen auf den Plan zu rufen. Mit anderen Worten: die Behandlung kommt erst dann in Gang, wenn der Patient sein Selbst in Frage stellen und seine früheren und gegenwärtigen «Erlebnisse» mit Hilfe des Therapeuten analysieren lernt. *Sullivan* sagt hierüber:

«Bis ein Patient klar und unmißverständlich erkannt hat, wie ungelöste Probleme seiner Vergangenheit seine Wahrnehmung gegenwärtiger Situationen färben und jedes Verhalten in ihnen übermäßig komplizieren, kann keine grundlegende Wandlung der Persönlichkeit eintreten, keine therapeutisch befriedigende Ausweitung des Selbst, keine bedeutsame Einsicht in die Kompliziertheit des eigenen Verhaltens oder in die unerwarteten und oft irritierenden Verhaltensweisen der anderen. Bis zu diesem Punkt geschieht nichts Wesentliches in der Behandlungssituation; nachher jedoch gewinnt die Zusammenarbeit mit dem Psychotherapeuten eine vorher nie dagewesene Freiheit von Einschränkungen hinsichtlich der Äußerung konstruktiver Impulse. Dies ist der indirekte Erfolg von Änderungen im Selbstsystem. Der Patient hat schließlich gelernt, daß er mehr Sicherheit empfängt beim Aufgeben bestimmter sicherheitssuchender Verhaltensweisen, als er je *durch sie* empfing.

Diese Erkenntnis trägt weiterhin zur Sicherheit bei und ist eine Ermutigung, sich neuen angsterregenden Situationen zu stellen, um in ihnen die Faktoren zu erkunden, welche als Bedrohung empfunden werden» (Conceptions, S. 205).

Ist man in der Behandlung so weit gelangt, daß der Patient sowohl seine Angst wie deren Abwehrmanöver – Wut, Ressentiment, Trauer, Negativismus usw. – durchschaut, so kann die *Arbeit am Charakter* ein beschleunigtes Tempo annehmen. Man muß dann auch nicht mehr davor zurückscheuen, die Angst des Patienten aufzuscheuchen; eine Angst, die *beim Namen genannt* wird, kann menschliche Beziehungen nicht mehr zerstören. Immerhin muß man auch in den fortgeschrittenen Phasen der Therapie auf die Angst Rücksicht nehmen, da sie imstande ist, erzielte Fortschritte rückgängig zu machen.

Schwierigkeiten im Verlaufe der Behandlung

Die Verletzlichkeit des Selbstsystems bedingt allerlei Komplikationen in der Beziehung zwischen Therapeut und Patient. Diese können mitunter schon bei Behandlungsbeginn auftreten: manche Ratsuchende haben derart ausgebreitete «Sicherheitsantennen», daß jedes Vorgehen des Arztes irgendeine Empfindlichkeit irritieren muß. Allerdings ist dies nur in schwer pathologischen Fällen so: im allgemeinen kann der geschickte und geschulte Interviewer solche Zusammenstöße meistens vermeiden.

Kommt es zu einer Verschlechterung des Kontaktes zwischen den beiden Teilhabern der psychotherapeutischen Situation, so wird vom Therapeuten erwartet, daß er sich Rechenschaft geben kann, was eigentlich vorgefallen ist.

Hat er den Patienten entmutigt? Hat er dem Patienten nicht widersprochen, als dieser selbst Äußerungen der Mutlosigkeit und Selbstunterschätzung von sich gegeben hat, so daß dieser die Haltung des Analytikers als Zustimmung auslegen konnte? Hat er im Patienten Angst in ihren mannigfaltigen Ausdrucksformen hervorgerufen?

Wann immer die Behandlung stagniert, sollte der Therapeut nicht nur im Patienten, sondern auch bei sich die Ursachen hierfür suchen. Seelenärztliche Hilfe erfordert eine unaufhörliche Selbstkontrolle hinsichtlich eigener unbewußter Haltungen und Gefühle. Die Sympathie, die man einem Patienten entgegenbringt, ist einer der wichtigsten Motoren seines Gesundheitsstrebens. Die sympathieerfüllten Regungen des Analytikers hängen zum Teil davon ab, wie er sich selbst vom Patienten akzeptiert sieht, inwiefern letzterer die Selbstachtung des ersteren bedroht. Da seelisch kranke Menschen infolge ihrer eigenen Selbstwertverminderung auch andere Leute nicht voll anerkennen können, ist der Analytiker oft einem dauernden Streß seiner Selbstachtung ausgesetzt: er muß sich dessen bewußt sein und so viel Reife besitzen, daß er selber demzufolge nicht in Angst oder Aggressivität abgleitet.

Die bereits früher erwähnte Tatsache der «reziproken Emotionen» in allen zwischenmenschlichen Situationen macht Selbstkontrolle des Analytikers in höchstem Maße unentbehrlich. Eine Situation zwischen zwei Menschen kann nur bestehen, wenn beide *Befriedigung* aus ihr beziehen können. Beim Analytiker muß sich das Befriedigtsein darauf beschränken, daß er in seiner Rolle als seelenärztlicher Berater dem Patienten Wegweisung in seiner Not zuteil werden läßt. Will er selber aus der therapeutischen Situation Nutzen für seinen Ehrgeiz, seine Eitelkeit, sein Machtstreben ziehen, so ist der Ausgang des Gespräches mit Wahrscheinlichkeit nicht gerade glücklich. Sicherheitsmaßnahmen des Analytikers erzeugen unweigerlich verstärkte Sicherheitsbestrebungen beim Patienten. Zuletzt artet die Therapie in einen Zweikampf aus, indem beide Beteiligten um ihren Selbstschutz ringen und das Therapieziel – die Befreiung des Patienten von seinen Ängsten, Hemmungen und Lebensuntauglichkeiten – aus den Augen verlieren. Die seelische Gesundheit des Analytikers sowie seine gründliche psychotherapeutische Ausbildung – Charakter- und Lehranalyse – sollen derartigen Entwicklungen einen Riegel vorschieben können. Eine ruhige und sachliche Haltung gegenüber dem so leicht irritierbaren Patienten wirkt sich wohltuend auf den Behandlungsverlauf aus. Die Schwierigkeiten der Psychotherapie sind so groß und sie erfordern einen so bedeutenden menschlichen Einsatz, daß man das Prestigebedürfnis am besten beiseite läßt: nur so lernt der Patient, auch das seinige aus der psychotherapeutischen Arbeit auszuklammern.

Lebensgeschichte und Lebensschwierigkeiten

Die aktuelle Situation des Patienten ist der unmittelbare Anlaß, der ihn in die psychotherapeutische Behandlung führt. Aber die Konflikte, Ängste und Unsicherheiten, die ihn in seinen Beziehungen zu den Mitmenschen behindern, stammen aus seiner Vergangenheit, die man bis auf die früheste Kindheit zurückdatieren muß. Alles, was der Patient ist, ist er *geworden:* sein Selbstsystem, das heißt der Teil seiner Persönlichkeit, mit dem er sein soziales Leben bestreitet, ist der Niederschlag aller Erfahrungen, die er im Bereich menschlichen Kontaktes gemacht hat. Daß hierbei Kindheit und Jugend als prägende Entwicklungsepochen besondere Bedeutung haben, steht für die Tiefenpsychologie unverrückbar fest.

Die Vergangenheit eines Menschen ragt in Form von unbewußten Gefühlen, Meinungen, Stellungnahmen in seine Gegenwart hinein: man hat nicht nur Umgang mit realen Personen, sondern auch mit imaginären Persönlichkeiten, die aus der kindlichen Erlebniswelt stammen. Solche Relikte bestimmen als «Parataxien» den Verlauf aller emotionellen Bindungen eines Menschen. Auch die Psychotherapiesituation wird «parataxisch» erlebt.

Ein wichtiges Hilfsmittel zum Verständnis der Persönlichkeitsstruktur des Patienten ist das Studium seiner Vorgeschichte. Man betreibt dieses nicht als Selbstzweck: will man die Erlebnisverfälschungen, die untauglichen Verhaltensmuster des Ratsuchenden begreifen, so muß man mit ihm die Spuren des fehlerhaften Verhaltens durch die ganze Entwicklungsgeschichte hindurch verfolgen. Durch das Erkennen des «roten Fadens» innerhalb seines Gefühlslebens versteht der Patient vergangene und gegenwärtige Irrtümer: er sieht sich wie in einem Spiegel, einem Spiegel nämlich, der auch *Geschichte* aufzeichnet.

Für *Sullivan* ist jede seelische Störung ein Verfehlen von Reifungsschritten, die gesetzmäßig in Kindheit und Jugend aufeinanderfolgen sollten. Im Rahmen seiner Entwicklungspsychologie hat er sehr sorgfältig die Entwicklungsphasen des Menschen aufgezeichnet und von jeder bestimmt, was in ihr erlernt und erlebt werden soll. Es gibt hier geradezu Normen, die zumindest für unsere Kultur gültig sind. Wir wissen ungefähr, was Kinder und Jugendliche in den Epochen ihrer Selbstentfaltung an Aufgaben und Problemen zu meistern haben: Fehlschläge der Entwicklung lassen sich in der Regel darauf zurückführen, daß infolge ungünstiger Milieueinflüsse solche Erweiterungen und Vervollkommnungen des Selbstsystems unterblieben sind. Daher die *Lücken* im Persönlichkeitsaufbau seelisch kranker Menschen, die die letzte Ursache der Anpassungsschwierigkeiten sind.

Wir wollen hier nicht die einzelnen Entwicklungsstufen rekapitulieren, die wir an anderen Orten beschrieben haben. Für den Kenner sind mangelhafte Entwicklung und daraus folgende Fehlorientierung an vielen Anzeichen aus der Lebensgeschichte erkennbar; man befaßt sich in der Psychotherapie zum Beispiel mit Fragen wie: Sauberkeitserziehung, Erwerb von Sprechgewohnheiten und allfällige Schwierigkeiten, Spieltätigkeit und Freundschaften im Knabenalter, erzieherische Prägung in bezug auf Wettbewerb und Kompromiß, Ehrgeiz, Schulerlebnisse, spätere Kameradschaften, Pubertätserlebnisse, sexuelle Erziehung, Einsamkeit, Eßgewohnheiten, Schlaf, Sexualleben, Berufsschulung, Freizeitinteressen und anderes mehr.
Die Tiefenpsychologie ist im Grunde eine *biographische* Wissenschaft: sie will in jedem Falle untersuchen, wie ein Mensch wurde, was er ist.

Der Abschluß der Behandlung

Die Behandlung schreitet in dem Maße fort, als es gelingt, dem Patienten zum richtigen Verstehen seiner Lebenssituation zu verhelfen. Die Auflösung von Einstellungsfehlern (Parataxien) ist das fördernde Element: jedesmal wenn irrtümliche Selbst- und Fremdeinschätzungen aufgehoben werden, wächst die innere Freiheit und die Souveränität der Persönlichkeit. Dies unterscheidet die analytische Therapie von allen vor-analytischen Versuchen, die an den «Willen», an die «Selbstbeherrschung» usw. des Patienten appellierten: in der Analyse werden Fehlhaltungen korrigiert, und der gestärkte Wille – der unter Umständen im therapeutischen Gespräch gar nicht erwähnt worden ist und keine spezielle Stimulierung erhält – kommt aus dem veränderten Gefühl. Die Psychotherapie tendiert auf solche *Gefühls-*

wandlungen, da sie damit den Kern der Persönlichkeit umgestalten kann; alle peripheren Methoden der «Selbsterziehung» kommen in ihr nur am Rande zur Geltung.
Wie bereits erwähnt, wird die Korrektur der Parataxien im Verhältnis Analytiker und Patient im besonderen vorangetrieben. Aber auch die übrigen Lebensverhältnisse des Ratsuchenden werden unter die Lupe genommen, bis dieser seine Beziehungspersonen in Ehe und Beruf ungefähr so erlebt, wie sie wirklich sind. Der parallel laufende Prozeß der Fremd- wie auch der Selbsterkenntnis führt schließlich zu einer solchen *Erweiterung des Selbst,* daß dieses zuletzt identisch wird mit der Summe und Synthese des Verhaltens, das der Patient gegenüber seiner Umgebung zeigt. *Sullivan* ist der Auffassung, daß der Mensch, der sich über seine mitmenschlichen Beziehungen im klaren ist, seelisch nicht erkranken wird: selbst wenn er unter außerordentlicher psychischer Belastung lebt. Diese Klarheit muß erreicht werden, wenn man von *psychotherapeutischer Heilung* sprechen will. Diese ist damit umschrieben, daß der Patient sein inneres Gleichgewicht gefunden hat. Die *soziale Heilung* ist nur eine Konsequenz der psychotherapeutischen: aus der Aufhebung von Verdrängungen (verdeckten Gedankenprozessen), aus der Stärkung und Umorientierung des Selbst folgen notwendig erweiterte mitmenschliche Kontakte, Aufgeschlossensein für menschliche Bindungen aller Art, eine neue Form des Selbstwertgefühls und -strebens. In *Sullivans* Worten:
«Ob die soziale Heilung erreicht wird oder nicht, gleichviel, ein Mensch, der sich selber kennt, ist geistig gesund. Er ist sich der Möglichkeiten bewußt, die sich ihm bieten. Er schätzt sich selbst ungefähr so ein, wie er es verdient. Er kennt und erhält auch zumeist die Befriedigungen, deren er bedarf, und er ist großenteils sicher im Leben» (Conceptions, S. 237).
All dies ist bereits von den anderen Schulen der Tiefen-

psychologie, wenn auch mit anderen Worten, gesagt worden. Aber *Sullivan* hat das therapeutische Können mit umfassender theoretischer Grundlegung versehen; praktisch hat er es bereichert um die Schizophrenentherapie, die ihn als einen ihrer Pioniere verehrt. Die Psychiatrie ist ihm mehr schuldig, als sie ihm heute noch zu danken weiß, ihm, der über sie geäußert hat:
«Die Psychiatrie ist noch weit davon entfernt, eine abgeschlossene Kunst und Wissenschaft zu sein. Sie ist wirklich ein großartiges Experiment, eine große Entdeckungsreise, zumeist Forschung im wahrsten Sinne des Wortes... In dem Maße, wie einer dem Ideal bescheidener Forschung auf einem sehr schwierigen Gebiete nachlebt, wie einer beitragen will zum höchsten Wohle der Menschheit, hat er den Sinn seines Lebens gefunden.»

SOZIALPSYCHOLOGIE

Sullivan als Sozialpsychologe

«Psychiatrie... ist das Studium der Prozesse, die sich zwischen Menschen abspielen. Das Gebiet der Psychiatrie ist das der zwischenmenschlichen Beziehungen, und zwar unter allen und jeden Bedingungen, in welchen solche Beziehungen stattfinden. Es wurde erkannt, daß *eine Persönlichkeit* niemals isoliert werden kann vom Komplex der zwischenmenschlichen Beziehungen, in welchen die Person lebt und ihr Dasein hat» (Conceptions, S. 10).

Diese Worte *Sullivans* lassen klar erkennen, wie sehr es ihm darauf ankam, die Wechselwirkung zwischen den menschlichen Individuen zu beschreiben. Ähnlich wie *Kurt Lewin* sieht auch er den «Lebensraum» eines Menschen durch seine sozialen Beziehungen gegeben. Will man den Einzelmenschen als «soziales Atom» *(Moreno)* definieren, so darf man nicht übersehen, daß dieses «Atom» ein «Feld von Aktivität» um sich schafft, an dem erst seine Eigenschaften abgelesen werden können. Was ein Mensch ist, wird nur aus den Beziehungen klar, die er mit anderen Menschen unterhält: *Sullivan* äußert gelegentlich sogar die Mutmaßung, daß ein Mensch so viele «Selbste» («Iche») besitzt, als er zu bedeutsamen Personen und Gruppen Kontakt aufrechterhält. So gesehen, wird das «Individuum» zu einem Knotenpunkt im Felde sozialer Kräfte, sein Begriff ist eine Abstraktion, eine nützliche Verallgemeinerung, die aber auch oft irreführen kann, indem sie den einzelnen zu sehr von seiner Umgebung isoliert. Sprachliche und vorsprachliche Austauschvorgänge, letztere vor allem gegeben in Mimik, Gestik, Tonfall usw., verschmelzen das Individuum mit seiner Umwelt. Die Psychiatrie hat für *Sullivan* die Aufgabe, diese Verschmelzung eingehend zu studieren und das, was zwischen den Menschen vorgeht, in sprachliche Formulierung einzukleiden. Letzteres ist wichtig, denn die Einsicht gilt:

«Laßt uns in dieser Beziehung die Feststellung wiederholen, daß jemand Erkenntnisse nur so weit besitzt, als er versucht hat, seine Erfahrung mitzuteilen – durch das Medium der allgemeinverbindlichen Sprache. Theoretisch gibt dieser Hinweis dem Gebrauch von Worten eine irgendwie überhöhte Bedeutung; trotz allem ist es ein gutes Prinzip, dem man in der psychologischen Behandlung folgen kann. Viele Patienten haben jahrelang ihre Konflikte, deren Ersatzformen und Kompromisse ‹gelebt›, aber der Fortschritt in der Therapie stammt weithin von ihrer wachsenden Fähigkeit zu erkennen, was sie tun, und dies ist wesentlich beschleunigt durch sorgfältig formulierte sprachliche Feststellung über das, was geschieht» (Conceptions, S. 110).
So kommt von der Psychiatrie her ein neuer Impuls zur sozialpsychologischen Forschung. Schon früh haben amerikanische Soziologen *Sullivans* therapeutische Arbeit als wertvolle Beiträge zu ihrer Feldforschung gewürdigt. *Gordon W. Allport* schrieb im Buche «Spannungen, die Kriege erzeugen», daß *Sullivan* mehr als irgend jemand darauf hingearbeitet hatte, die Synthese von Sozialpsychologie und Psychiatrie zustande zu bringen. In allen Abhandlungen von *Sullivan* ist dieses Motiv lebendig: er knüpft damit an eine reiche Tradition der amerikanischen Sozialforschung an, die in ihren wesentlichen Pionieren – *William James, Baldwin, Cooley, John Dewey, G.H. Mead, Thomas* usw. – immer das Zwischenmenschliche in den Vordergrund gestellt hat. Als Kliniker, der in der Schizophrenentherapie seine grundlegenden Erfahrungen gesammelt hatte, konnte *Sullivan* den theoretischen Konzepten seiner Vorläufer praktische Gesichtspunkte zuordnen, die sich als äußerst fruchtbar erwiesen.

Die Illusion der Individualität

Sullivan legte besonderen Nachdruck darauf, die Verwobenheit des einzelnen in und mit seiner Umwelt in den Vordergrund zu rücken. Die traditionelle Betrachtungsweise sah im Organismus eine abgegrenzte und abgrenzbare Einheit, die wohl mit der Umgebung Kontakt aufnimmt, aber in ihr dennoch isoliert bleibt. Genauere Überlegung lehrt aber, daß alle Lebensvorgänge Austauschprozesse sind und daß das Lebensgeschehen selber als dieser Austausch von Individuum und Umwelt definiert werden kann (Atmung, Verdauung usw.). Für den Menschen – wie für viele Lebewesen – ist nicht nur die physikalisch-chemische, sondern auch die *soziale* Wechselwirkung mit der Umwelt in Betracht zu ziehen. Der Mensch beginnt zwar seinen Lebenslauf als ein «Tier», aber er wird bald unter dem Einfluß sozialer Betreuung und Förderung zu einer «Person»: Person steht nun definitionsgemäß in Beziehung zu Personen, alle ihre Lebensäußerungen sind Akte der Kommunikation. Person oder Persönlichkeit reicht so weit, als sprachlich (oder gedanklich) formulierbare seelische Prozesse bestehen, die mitgeteilt werden können: sicher gibt es im Menschen auch nicht-mitteilbare seelische Vorgänge, aber sie sind insofern irrelevant, als sie nicht zum Gegenstand sprachlicher oder wissenschaftlicher Formulierung gemacht werden können.

Allerdings hat die Tiefenpsychologie einen weiten Bereich des Seelenlebens aufgedeckt, der zunächst als nicht-mitteilbar erschien: *Freud* bezeichnete ihn als «das Unbewußte» und richtete seine Bemühungen darauf, dessen obskure Äußerungsweisen auf die Ebene der Mitteilbarkeit zu heben. *Sullivan* verneinte den psychoanalytischen Begriff des Unbewußten, das als Reservoir der «bösen Triebe» aufgefaßt wurde; *Jungs* «kollektives Unbewußtes» fand er gar nicht der Diskussion wert. «Unbewußt» ist alles Seelische, das nicht ins soziale Leben integriert worden ist. Die Erklärung für diese Nicht-Integration liegt in der Entwicklungsgeschichte des Individuums: was die Umwelt nicht beachtet, unterdrückt, durch Angsteinflößung negiert hat, kann in den seelischen Bestand des Heranwachsenden nicht eingehen. Die ganze seelische «Ausrüstung» eines Menschen ist Produkt seiner «Akkulturation», seiner Formgebung durch die mitmenschliche Umgebung. Das ist auch der Sinn der Lehre, daß das Selbst des Menschen, das heißt sein Persönlichkeitskern, durch und durch «reflektierende Zustimmung» (Bejahung durch maßgebliche Erziehungspersonen) ist.

Sullivan hat in seiner «Entwicklungspsychologie» diese These eingehend dokumentiert. Das Sprechenlernen des Kindes, sein Annehmen sozialer Gewohnheiten, seine Ängste und Unsicherheiten, die Eigentümlichkeiten seines Gebarens, selbst der Ablauf seiner Körperfunktionen sind Spiegelbild der Mitmenschlichkeitssphäre, in der es aufwächst. Die «Menschwerdung des Menschen» ist ein zunehmendes Ersetzen biologischer durch soziale Lebensäußerungen, wobei ein Großteil hiervon schon in den ersten Lebensjahren erfolgt: man kann diesen Prozeß «Sublimierung» nennen, aber man muß nicht denken, daß in ihm sexuelle Begierden in soziale Neigungen verwandelt werden. Das Resultat ist ohne Zweifel die soziale Lebensform, aber am Ursprung steht nicht ein roher Sexualtrieb, sondern ein ganzes Bündel animalischer (ungerichteter, diffuser) Lebensäußerungen, die in Soziabilität (Gesellschaftsfähigkeit) übergeführt werden sollen. Die Sprache in allen ihren Aspekten (Worte, Gesten, Mimik) spielt hierbei eine zentrale Rolle.

Nach *Sullivan* ist der Mensch aus «sozialem Stoff» gemacht; sein isolierbarer Körper (Leib) täuscht uns manchmal darüber hinweg, daß seine Persönlichkeit nur in und aus der Beziehung zu anderen Persönlichkeiten lebt.

Situation und Feldtheorie

Rückt man von der traditionellen Betonung des selbstgenügsamen «Individuums» ab, so werden die Beziehungen der Menschen untereinander zum Hauptproblem der psychiatrischen und psychologischen Wissenschaft. Die vor-tiefenpsychologische Psychiatrie betrachtete den Menschen als eine Art «Ding unter Dingen», das durch irgendwelche Fehlkonstruktion am reibungslosen sozialen Funktionieren verhindert sein kann. Noch die Psychoanalyse sieht im Einzelmenschen, seinen Triebverdrängungen und Sublimierungen, ihr wichtigstes Studiengebiet; aber unter dem Zwang seiner Erfahrungen wurde *Freud* selber dazu gedrängt, die Dynamik der menschlichen Beziehung anzuerkennen. Vieles, was in der künstlichen Sprache der Libidomechanik formuliert wurde, ist im Grunde eine Beschreibung zwischenmenschlicher Situationen, deren Komplexität und historisches Gewordensein (von Kindheit an) durch die Pioniere der Tiefenpsychologie aufgedeckt worden sind.

Sullivan sieht in den zwischenmenschlichen Situationen «immer noch ein wertvolles Studienobjekt, oder besser: einen Beobachtungsgegenstand». Er will alle in ihnen zu beobachtenden Verhaltensweisen aufteilen in integrative und desintegrative Tendenzen. Analysiert man genauer den Aufbau und den Zerfall zwischenmenschlicher Situationen, so enthüllt sich in ihnen eine ungewöhnlich feinstrukturierte Dramatik, die die Forschung lange Zeit übersah. Das Wohlbefinden oder das Unglück eines Menschen hängt von der Gestaltung der für ihn maßgeblichen Situationen ab. Oft weiß der Betroffene nur wenig von dem, was mit ihm und um ihn vorgeht; der Psychotherapeut als «Experte» in solchen Fragen klärt erst seinen Ratsuchenden über die Kräfte auf, die in den von ihm integrierten Situationen am Werk sind. Damit wird eine Brücke geschlagen zwischen

Tiefenpsychologie, Psychotherapie und Feldtheorie, was *Sullivan* folgendermaßen ausdrückt:
«Die Menschen leben in zwischenmenschlichen Feldern. Ihre Verhaltensmuster enthüllen die Feldkräfte, indem jedermann für solche Kräfte empfindlich ist; aber anders als die Eisenfeilspäne (in einem Magnetfeld nämlich, J. R.) sind diejenigen, die durch ihr Verhalten ein zwischenmenschliches Feld sichtbar machen, großenteils das Ergebnis ihrer vergangenen Erfahrungen mit zwischenmenschlichen Feldern. Es macht keinen Unterschied aus, ob ein Eisenteilchen immer oder nur selten in ein starkes Magnetfeld gebracht worden ist: sein gegenwärtiges Verhalten ist davon nicht bestimmt. Die zeitliche Abfolge jedoch, in der ein Mensch in zwischenmenschlichen Feldern war, mag sehr die ‹Züge› (Eigenschaften) bestimmen, die er in einem neuen zwischenmenschlichen Feld aufweist. Vergangene Erfahrung in zwischenmenschlichen Feldern und die Zeitfolge dieser Erfahrungen können sehr die Empfindlichkeit in den Feldern beeinflussen, an denen man teilnimmt... Die Menschen in zwischenmenschlichen Feldern sind sich mehr oder minder der Spannungen und Energieumwandlungen bewußt, denen sie unterliegen. Sie empfinden alles, was vorfällt. Wenn man selbst daran beteiligt und geschickt genug ist, so kann man den Ablauf der Ereignisse, die Spannungen und die Energieumwandlungen, beobachten, so daß man sie analysieren und theoretisch verarbeiten kann. Wenn die Geschicklichkeit wächst, kann man Theorien auswerten, die vorläufigen Hypothesen über die Ereignisse prüfen, indem man das zwischenmenschliche Feld im Auge behält» («The Study of Psychiatry», *Psychiatry,* 1947, 10).
Die Feldtheorie in den Sozialwissenschaften wurde hauptsächlich durch *Kurt Lewin* entwickelt, dessen Forschungsarbeit *Sullivan* sehr zu schätzen wußte. Die Darstellung der in einem zwischenmenschlichen Feld wirkenden Kräfte gibt uns erst Aufschluß über das, was der Mensch wahrhaft ist:

in diesem Sinne wird Feldforschung zum Studium der menschlichen Natur, zum Modell soziologisch-psychologischer Untersuchungen. Die therapeutische Situation in der Psychotherapie weist hierbei den besonderen Vorteil auf, daß in ihr während eines monatelangen Kontaktes zwischen den beiden Beteiligten alle seelischen Faktoren nicht nur im Querschnitt, sondern auch im Längsschnitt transparent werden: der Psychotherapeut kann seinen Patienten besser kennenlernen als irgendein Interviewer in den Sozialwissenschaften. Damit wird die psychologische Therapie zu einem Forschungsinstrument, das heißt zur praktischen Anthropologie, in der Erkenntnisse gewonnen werden, die alle übrigen auf den Menschen bezogenen Disziplinen befruchten können.

Unter diesem Gesichtspunkt ist Tiefenpsychologie immer auch Soziologie, Philosophie und angewandte Menschenkunde. Aus ihr allein kann eine grundlegende Menschenkenntnis gewonnen werden, wie auch in ihr die mächtigsten Quellen der Selbsterkenntnis liegen. *Sullivan* deutet dies mit den Worten an:

«Wir wissen nie alles über den anderen, wir sind glücklich, wenn wir eine annähernde Übereinstimmung erzielen und Verständigung über relativ einfache Zusammenhänge erreichen. Viele von uns verbringen den größeren Teil ihres sozialen Lebens mit Aneinandervorbeireden; das Mißverstehen tritt nie deutlich hervor, wir bejahen und verneinen die Meinung der anderen, wobei der Gegenstand des Gespräches für die Beteiligten oft nicht derselbe ist. Der Psychotherapeut kennt mehr als andere seine ‹Subjektivität› in seiner Auffassung eines anderen Menschen, selbst wenn er solche Geschicklichkeit erworben hat, daß er sehr oft richtig zu urteilen vermag» (The Fusion, S. 55).

Sullivan hat offenbar wenig Gelegenheit gehabt, in die Tradition des philosophischen Denkens Einblick zu gewinnen. Gemessen an den Pionieren der Tiefenpsychologie – *Freud, Adler* usw. – mutet er wie ein «reiner Empiriker» an, ein Mann der Beobachtungen und der aus ihnen abgeleiteten Schlußfolgerungen. Der weite Horizont allgemeinkultureller Betrachtung ist bei ihm selten zu finden. Die Souveränität in der Verknüpfung psychologischer, soziologischer und philosophischer Argumentationen – die etwa den Reiz der Schriften von *Erich Fromm* ausmacht – fehlt ihm durchwegs. Die Philosophen, die er zitiert, sind hauptsächlich jene angelsächsischen Autoren, die die wissenschaftliche Begriffsbildung einer Analyse unterzogen haben (zum Beispiel *A. N. Whitehead*). Wichtige Einflüsse auf *Sullivan* können jedoch hinsichtlich jener amerikanischen Denker nachgewiesen werden, die vor allem die soziale Natur des Menschen in den Mittelpunkt ihrer Überlegungen gerückt haben (*G. H. Mead, Cooley* usw.).

Es ist auch *Sullivans* Credo, daß der Mensch das soziale Lebewesen par excellence ist. Darin liegt inbegriffen, daß der Mensch von ursprünglicher Güte für seinen Mitmenschen erfüllt ist: die gegenseitige Hilfe ist eine natürliche Strebung des Menschen, wie schon in den Jahren um 1880 der bedeutende russische Autor *Peter Krapotkin* in seinem Buche «Gegenseitige Hilfe in der Tier- und Menschenwelt» betont hat; vor wenigen Jahren hat der amerikanische Biologe *Ashley Montagu* diese Auffassung mit eindringlicher Prägnanz bestätigt.

Inmitten von *Sullivans* Abhandlung «Führertum, Mobilisierung und die Veränderungen nach dem Kriege» (1942) finden sich die tiefgründigen Sätze:

«Es ist eine gute Doktrin, daß der Mensch wesensmäßig gutwillig und nicht böswillig ist; daß – sofern man ihm die

Möglichkeit einräumt – er sich in Richtung auf wechselseitiges Verstehen und gegenseitige Hilfe bewegt, nicht in Richtung auf Betrug und Ausbeutung der weniger Glücklichen. Vor allem der Psychotherapeut, aber nicht jeder Psychotherapeut, kennt überzeugende Gründe für diese altruistische Auffassung des Menschen, indes ihre letztendliche Gültigkeit mutmaßlich erahnt wird von jedermann, der noch Hoffnung auf Erweiterung und Bereicherung seiner mitmenschlichen Beziehungen hat» (The Fusion, S. 153).

Allerdings war sich *Sullivan* im klaren darüber, daß die heutige Gesellschaft – die er mitunter als «krank» bezeichnet – diese natürliche Güte des Menschen nicht aufkommen läßt. Ein Synonym für Gutsein würde Reife, vollständige Entwicklung heißen: indem Erziehung und Gesellschaft dies kaum je zulassen, sondern im Gegenteil den Menschen zu einer «Karikatur dessen machen, was er sein könnte», verhindern sie auch die Entfaltung einer integralen Kollaboration und Kooperation. Für die Ära nach dem Zweiten Weltkrieg hoffte *Sullivan* auf einen Aufschwung in der Humanisierung des Menschen; er dachte dabei an aufklärerische Bestrebungen, die jedermann lehren sollten, «daß die Freiheit der Welt notwendig ist dafür, daß unsere Kinder persönliche Freiheit genießen können, daß die Wohlfahrt aller Völker der Erde unsere eigene und unserer Kinder Wohlfahrt bestimmt und daß der größte Wert für den Menschen – den anzustreben alle wirtschaftlichen Konflikte lösen würde, der unbegrenzte Möglichkeiten für persönliche Entwicklung und Glück schaffen würde, der Sicherheit für alle bedeuten könnte – die Errichtung einer besseren Gesellschaftsordnung wäre, in welcher Wert und Würde des Menschen zu Horizonten von unvorstellbarer Größe emporwachsen würde» (The Fusion, S. 176).

Die Angst

Wiewohl wir bereits ausführlich über die Angst – ihre Entstehung und ihre vielfältigen Erscheinungsweisen im Seelenleben – berichtet haben, wird es nützlich sein, an dieser Stelle nochmals auf sie zurückzukommen. In *Sullivans* Beschreibung des Menschen nehmen Furcht und Angst eine zentrale Stelle ein. Gerade weil diese Affekte für ihn «das Menschlichste am Menschen» sind, kam er auf die seltsam anmutende Konzeption, daß «Sicherheit» das Grundmotiv aller menschlichen Handlungen sei (neben der «Befriedigung», in der biologische Bedürfnisse gestillt werden). Man hat gegenüber dieser These den kritischen Einwand erhoben, daß sie sichtlich aus dem Beobachtungsfeld des Psychiaters stamme, dessen seelisch kranke Patienten mit dem «Minimalwert» der Sicherheit zufrieden sein könnten: der gesunde Mensch will nicht nur Angstfreiheit, sondern Fülle und Expansion, Entfaltung und inneren Aufstieg. *Georg Simmel* hat einmal mit Recht das Leben als «Mehr-Leben» und «Mehr-als-Leben» definiert: in der ersten Wendung ist die dem Leben immanente Tendenz auf «Selbstübersteigung» angedeutet.

Wie kritisch man auch gegen *Sullivans* Sicherheitsbegriff sein kann, man wird kaum leugnen können, daß die Angst im gesunden wie im kranken Seelenleben eine ungeheure Rolle spielt. Der gute Diagnostiker erkennt sie in vielen winzigen Handlungen des Alltagslebens, in emotionellen Reaktionen, in körperlichen Irritationen, im Lebensverhalten überhaupt. *Sullivan* wehrte sich gegen die Behauptung, er habe aus der Angst eine «Erklärung für alles» gemacht: nichtsdestoweniger findet man in allen seinen Untersuchungen die Bezugnahme auf diese «Achillesferse» des Menschen, auf seine übergroße Empfänglichkeit für Ängste und Einschüchterungen, die faktisch den Schlüssel zur gesamten Psychopathologie abzugeben vermag.

Angst liegt allen Lebensschwierigkeiten zugrunde; Haß, Zorn, Wut und Mißverständnisse sind von ihr inspiriert; Vorurteile beziehen aus ihr die Kraft und Beharrlichkeit; in sexuellen Problemen kann sie als «Kern» der Unangepaßtheiten herausgeschält werden; Süchte, wie zum Beispiel Alkoholismus, lassen sie in unverstellter Form erkennen. In allen psychosomatischen Krankheiten muß man immer nur die Angst suchen, wenn man den Ursprung der körperlichen Fehlfunktion erfassen will. Die ganze Neurosenpsychologie, die *Freud* um das Sexualproblem herum zentrieren wollte, muß eigentlich auf die Frage der Angst zurückgeführt werden; selbstverständlich ist auch die Psychotherapie im Bannkreis dieser Fragestellung, indem ihr Erfolg darin besteht, die Angst des Patienten zu vermindern und damit seine Symptomatik unnötig zu machen: anstelle der Ängstlichkeit kann freie Lebensgestaltung treten.
Auch in dieser Betonung der Angst wird wiederum die soziale Natur des Menschen sichtbar. Nach *Sullivan* entsteht Angst auf menschlicher Ebene nicht durch Daseinsbedrohung von seiten der Naturgewalten oder anderer Lebewesen: sie ist Spiegelung der Befürchtung, in den Augen maßgeblicher Beziehungspersonen an Wert und Bedeutung zu verlieren. So wird auch von dieser Seite die absolute soziale Bezogenheit des Menschen in ein helles Licht gerückt. Das Leben des Menschen ist niemals bloßes biologisches Existieren: es ist immer «Wert-sein und Wertanstreben für andere». Der Mitmensch ist sozusagen «die andere Hälfte unserer Existenz», ihr natürliches und unentbehrliches Korrelat. Genauere Betrachtung lehrt, daß «Ich» und «Du» wie zwei Seiten einer Münze zusammengehören.

Psychiatrie der Völker

In der Einleitung zu seinen «*Conceptions*» zitiert *Sullivan* Sätze aus der Autobiographie von *W. A. White* (The Autobiography of a Purpose, 1938), die sehr gut von ihm selber stammen könnten; *White* schreibt:
«Wenn wir uns umsehen und die Konfusion erkennen, in der die Welt im gegenwärtigen Augenblick ist, wenn wir die Gegensätze betrachten, die durch nationale Rivalitäten gesteigert werden und die zum Krieg führen können, zu Unglück und Verderben, und begreifen, daß alles davon abhängt, welche seelischen und geistigen Kräfte ausgewertet und nützlich gemacht werden, müssen wir zur Schlußfolgerung gelangen, daß man die Wichtigkeit dieses Interessengebietes (der Tiefenpsychologie nämlich, J. R.) nicht überschätzen kann.»
Auch *Sullivan* war sich dieser Situation in vollem Ausmaße bewußt. Daher wandte er sich in seinen späteren Jahren dem Problem der internationalen Friedenssicherung zu. Er beteiligte sich an UNESCO-Konferenzen, unter anderem an derjenigen, die unter dem Motto «Spannungen, die Kriege verursachen» stand. Im Sinne seiner interpersonellen Theorie versuchte er die Grundsätze einer Psychohygiene zu formulieren, die die Menschen durch Verbesserung von Erziehung, Unterricht, Formen des Zusammenlebens usw. zu Trägern einer friedlichen Entwicklung der Menschheit machen könnte.
Der Wunsch, sich mit der «Psychiatrie der Völker» zu befassen, war lebendig in ihm: Es gibt einen Aufsatz von ihm, der geradezu diesen Titel trägt; aber der Leser, der eine umfassende Analyse sozialer und internationaler Vorgänge erwartet, wird hier von *Sullivan* enttäuscht. Das Lebenswerk dieses Mannes war derart auf Psychotherapie und Psychopathologie beschränkt, daß er zum Eindringen in die größeren Zusammenhänge von Wirtschaft, Politik und Kultur-

geschichte offenbar weder Zeit noch Gelegenheit hatte. Gemessen am politisch-soziologischen Horizont eines *Erich Fromm* zum Beispiel mutet *Sullivan* auf diesem Gebiet wie ein Laie an – er teilt hierin die Ahnungslosigkeit vieler seiner psychiatrischen Kollegen, die mit ihren psychopathologischen Kategorien gesellschaftliche Vorgänge zu analysieren versuchen – wenn sie überhaupt daran Interesse zu nehmen geneigt sind.

Und doch hat *Sullivan* auch hier einige Gedanken geäußert, die als wertvoll zu erachten sind. Mit besonderer Eindringlichkeit wandte er sich etwa gegen die *Vorurteile,* die das wechselseitige Verstehen der Einzelmenschen und der Völker verunmöglichen. Er wies auf die Denkschemata hin, die in der Beurteilung Andersartiger, Andersdenkender, Andersgläubiger eine verhängnisvolle Rolle spielen. Die Stereotypurteile über «den Neger», «den Juden», «den Kommunisten», «den Chinesen», «den Deutschen» usw. entstammen einem primitiven Denken, das offensichtlich auf Angstvermeidung zielt: indem alles Fremde beim Menschen Angst hervorrufen kann, gehört es in den Rahmen «parataxischer» Sicherheitsmaßnahmen, «den Anderen» abzuwerten, um selber an Wert zu gewinnen. Die heftigsten Fanatiker auf diesem Gebiet rekrutieren sich aus dem Heer innerlich unsicherer Menschen, die im nationalen, rassischen und religiösen Vorurteil ein Palliativ für ihre drükkende Lebensangst und Selbstverachtung finden. *Sullivan* ging von der Voraussetzung aus, daß die *Erziehung* eine ihrer vornehmsten Aufgaben in der Vorurteilsbekämpfung habe: durch die allgemeine Förderung menschlicher Reife und Entwicklung wird sie hierin am besten vorankommen.

Das Vorurteil

Das Vorurteil erschien *Sullivan* als eines der wichtigsten sozialpsychologischen Probleme, da es ein wesentlicher Hemmschuh für die Verständigung der Menschen ist. Es ist ein gefährlicher Sprengstoff innerhalb der sozialen Beziehungen: zu welchen Ausartungen und Atavismen es führen kann, hat der Mensch unserer Epoche mit Schaudern konstatieren können.

Wie kommt das Vorurteil in die Menschenseele hinein? Auch hier muß der entwicklungsgeschichtliche Standpunkt beachtet werden. Das Vertrautwerden mit fremden, andersartigen Menschen wird vor allem durch die *Angst* behindert, deren Ursprünge im inadäquaten Verhalten maßgeblicher Erziehungspersonen in der Kindheit liegen. Angst macht unsicher im Verkehr mit Anderen: fast jedermann ist gezwungen, Abwehrmechanismen gegen sie zu entwickeln. Ein Abwehrmechanismus gegen die Angst ist die *Verachtung Anderer:* wen man verachtet, muß man nicht mehr fürchten. Ein stabiles Selbstwertgefühl kann allerdings durch diese Technik der Herabsetzung nicht gewonnen werden, da man gewöhnlich im Anderen Tendenzen verachtet, die man selber besitzt: so zwingt das Vorurteilsdenken zur systematischen Selbstcamouflage, zur Verlogenheit gegenüber sich selbst. Aber wenn man den Selbstbetrug durchhält (und der Mensch ist hierzu in erstaunlichem Maße fähig), so wirkt das Vorurteil als eine Krücke für ein invalides Selbstwerterleben, als ein Korsett für ein schwaches und gebrechliches Ich, das sich als stark und vollwertig aufspielen will.

Alle nationalen, religiösen, rassischen, ideologischen, kastenmäßigen Vorurteile entspringen aus Gruppenegoismen und schmeicheln dem Gruppenangehörigen, indem sie ihn zum Mitglied einer hochwertigen «In-group» machen, der eine minderwertige «Out-group» gegenübersteht. Daß diese Schmeichelei die Beherrschung der «In-group»-Glieder sehr erleichtert, ist bekannt: so ist es ein billiger Trost für den weißen Proletarier, sich besser als der «Nigger» zu glauben, wobei er verkennt, daß sie beide zu den Opfern eines ökonomischen und gesellschaftlichen Prozesses zählen, der die Ausnützung des Menschen durch den Menschen zum Programm hat.

Vom Vorurteil und von der Möglichkeit, andere zu verachten, werden vor allem seelisch angeschlagene Persönlichkeiten angezogen, die damit ihr prekäres psychisches Gleichgewicht stützen können. Allerdings bietet unsere Kultur dem Heranwachsenden massenhaft Vorurteile an, daß kaum jemand ihnen ganz zu entgehen vermag. Wie bereits erwähnt, findet vorurteilsgeprägtes Denken und Fühlen seine stärkste Resonanz bei jenen, die im Laufe ihrer Entwicklung *hassen* gelernt haben: der vorbestehende Haß sucht sich dann sein Objekt, wofür jede stigmatisierte Menschengruppe («die Frauen», «die Neger», «die Juden», «die Kommunisten», «das Nachbarvolk», «die Ungläubigen» usw.) passend sein kann. Haß ist ein Sicherheitsventil für labile Charaktere, vor allem für solche, die heftige Affekte und Triebregungen innerlich «abgespalten», das heißt aus dem Bewußtsein verdrängt haben. Der unterdrückte Trieb wird zur Kraftquelle fanatischer, intoleranter Verhaltensweisen: man bekämpft im Anderen eigene Konflikte, eigene Unangepaßtheiten, was durch den Dynamismus der Unwahrhaftigkeit – psychologisch gesprochen: durch Projektion – leicht zu bewerkstelligen ist. Die Zöglinge einer autoritären, triebverdrängenden, angsteinflößenden Erziehung sind die leidenschaftlichsten Propagandisten des Vorurteils und der aus ihm folgenden Vernichtungstendenzen, die unser Jahrhundert mit grausiger Radikalität in Funktion gesehen hat.

Antisemitismus

Für *Sullivan* ist der Antisemitismus eine Frage, die keinen freiheitsliebenden Menschen uninteressiert lassen kann. Der Antisemitismus ist eine Haltung des Hasses: er ist demnach eine destruktive Gefühlseinstellung, er stört die Beziehung der Menschen untereinander. Rein äußerlich gesehen kann er zwar den Eindruck erwecken, daß er auch Menschen «im gemeinsamen Haß» zusammenführen kann; aber diese Scheingemeinschaften werden innerlich durch den Haß unterhöhlt, der sie begründet hat.

Sullivan äußerte sich in einem Leitartikel seiner Zeitschrift «*Psychiatry*» im Jahre 1938 über den Antisemitismus mit deutlicher Bezugnahme auf Nazi-Deutschland. Er legt aber auch Wert darauf zu betonen, daß die ganze westliche Welt am Antisemitismus erkrankt ist. Dieser ist eine antidemokratische Tendenz, in jedem Falle für die Entwicklung der Demokratie hinderlich. Wo Minderheiten unterdrückt und mißachtet werden, kann die allgemeine Freiheit nie gedeihen. *Sullivan* zieht Parallelen zwischen dem Antisemitismus, dem Negerhaß und der Feindseligkeit zwischen Katholiken und Protestanten; wiewohl er alle Vorurteilsgesinnungen im gleichen Maße ablehnt, scheint ihm doch das Antisemitismusproblem von besonderer Dringlichkeit: «Die Menschen der westlichen Kultur sind, bewußt oder unbewußt, fast alle antisemitisch.»

Wie kommt es, in der Geschichte der Persönlichkeit, zur Ausbildung antisemitischer Einstellungen? Der entwicklungsgeschichtliche Standpunkt lehrt, daß fast jedes Kind in unserer Kultur infolge elterlicher Unterdrückung Haßgefühle empfindet. Die Unangepaßtheit an das Leben und an die Erzieher erfordert gebieterisch seelische «Ausweichsmanöver», in denen schwer erträgliche Spannungen abgeleitet werden: indem dem Heranwachsenden im Juden ein universeller Sündenbock angeboten wird, kann er viele

Unzufriedenheiten seines Lebens auf diesen konzentrieren. Dies hat seine kulturgeschichtlichen Ursprünge, die weit in die Vergangenheit zurückreichen: das Aufkommen der christlichen Lehre vor zweitausend Jahren hat den Grundstein zu jeglichem Antisemitismus gelegt.

Sullivan sieht ganz im Sinne von *Freud* den Unterschied zwischen Religion und Wahnsystemen im Faktor der sozialen Teilhabe. Gemeinsam mit anderen etwas zu glauben kann das Selbstvertrauen bestärken. Wer außerhalb dieses Glaubens steht, beunruhigt und erweckt Fremdheitsgefühle. Jedes christliche Kind lernt in seinem Religionsunterricht, daß Gott in Gestalt von Jesus Christus auf Erden weilte, von den Juden verkannt und verfolgt und schließlich gekreuzigt wurde. Dieser allgütige Gottmensch wurde von Juden verraten, erniedrigt, zum Tode verurteilt. Noch leben Nachkommen dieser «verbrecherischen» Menschen, die immer noch den Gott leugnen, den die Christenheit bekennt.

Wie leicht wird es für das Kind unter dem Einfluß derartiger religiöser Unterweisung, alle seine negativen Gefühle – deren Ursprung in der Eltern-Kind-Beziehung liegt – auf das Bild des «Juden» abzuwälzen, den es zu hassen beginnt, bevor es einen jüdischen Menschen kennengelernt hat. Solche Haßdynamismen schlummern in uns allen, und *Sullivan* warnt davor, sich leichtfertig von solchen Gefühlen freizusprechen. Nur der wahrhaft freie Mensch, der über viele kollektive Vorurteile hinausgewachsen ist, kann auch den Antisemitismus in sich überwinden. Auch die Juden haben die Aufgabe, aus ihren primitiven Glaubensformen und ihren sozialen Abgeschlossenheiten herauszuwachsen, die ein Produkt antisemitischer Haltung der Umgebung sind. Das Judenproblem kann nur durch Demokratisierung des Menschen gelöst werden.

Das Negerproblem

Das Problem der Neger in den USA ist eine andere Variante der Vorurteilsfrage: auch hier wird eine Minderheit unter Anwendung von ungerechtfertigten Verallgemeinerungen diskriminiert. *Sullivan* hat in zwei kurzen Abhandlungen hierzu Stellung genommen. Um 1938 wurde er von zwei amerikanischen Soziologen, die selber Neger sind, um Mitarbeit bei soziologischen Forschungsarbeiten über die Mentalität der schwarzen Jugend gebeten; für die betreffenden Bücher von *Charles S. Johnson* («Growing up in the Black Belt») und *E. Franklin Frazier* («Negro Youth at the Crossways») schrieb *Sullivan* die beiden Beiträge, die seine echte Anteilnahme an der Situation des zweitrangigen Negerbürgers in den USA bezeugen. Im Verlaufe verschiedener Interviews mit Schwarzen konnte *Sullivan* feststellen, daß sie alle infolge ihrer gesellschaftlichen Minderwertigkeitsposition Schaden in ihrer seelischen Entwicklung genommen hatten. Im Verhalten des Negers dem Weißen gegenüber lauern immer noch Furcht und Selbstunterschätzung. Die Kehrseite dieser Ängstlichkeit ist die Bereitschaft zum Haß, wie sie bekanntlich in der Sekte der «Black Muslims» in krasser Weise zum Vorschein kommt. Autoren wie *Richard Wright* und *James Baldwin* – beide bedeutende schwarze Schriftsteller in den Vereinigten Staaten – haben diese Gemütsverfassung ihrer «Rasse» beredt zum Ausdruck gebracht.

Die Furcht vor dem weißen Mann ist für *Sullivan* das Hauptcharakteristikum der amerikanischen Negerpersönlichkeit. Unter den Weißen tun sich als Negerhasser ganz besonders jene hervor, die selber in einer prekären wirtschaftlichen Lage leben: das ganze Ressentiment gegen die Gesellschaft überhaupt wird auf den schwarzen Mitbürger abgewälzt, dem die Schuld für berufliche Mißerfolge, Fehlen von Arbeitsplätzen usw. aufgebürdet wird. Eine wichtige Rolle spielt auch die Überzeugung von der sexuellen Triebhaftigkeit des Schwarzen: er gilt in der Meinung des Weißen oft als hypersexuell, wobei die psychologische Analyse leicht erkennen läßt, wie sehr die sexuelle Gehemmtheit des puritanisch erzogenen «white man» an dieser von Neid und Rivalität inspirierten Mythologie mitbeteiligt ist. Der Sexualkomplex des Weißen artet in eine paranoide Verdächtigung des Schwarzen aus, dem zugemutet wird, daß er mit Vorliebe weiße Mädchen schänden und vergewaltigen will: *Hitler* hat dasselbe Argument gegenüber den Juden verwendet, denen er zuschrieb, daß sie arische Mädchen verführen und damit das «germanische Blut» schwächen wollten. Nichts ist gefährlicher für den Neger der Südstaaten als die Kontaktnahme mit einer weißen Frau: er stört damit bei seinen weißen Mitbürgern alle Wahngedanken auf, die in ihrem puritanisch deformierten Gemüt lauern und die früher noch in der Lynchjustiz Ventil für ihre sadistische Perversion fanden.

Sullivan geht nicht sehr tiefgründig auf «die Tragödie des Negers in Amerika» ein, aber er weist nachdrücklich auf das Unrecht hin, daß sich hinter den Scheindeklarationen der «Demokratie für alle» verbirgt. Er schreibt:

«Es ist klar: wenn wir uns einer nationalen Solidarität annähern wollen, müssen wir eine humanistische Haltung annehmen, nicht eine autoritäre, eine ausbeutende oder eine gleichgültige Haltung gegenüber diesen zahlreichen Mitbürgern. Als Psychiater muß ich besonders davor warnen, sie als Zielscheibe für unsere eigenen verdrängten Impulse zu nehmen; die Tatsache, daß sie eine schwarze Haut haben, daß sie an unseren Puritanismus nicht so gut angepaßt sind, darf nicht mißbraucht werden, um unsere eigenen Fehler auf sie zu projizieren. Sie verdienen, für voll genommen zu werden, und der Schandfleck eines Rassenproblems in den USA mag so mit der Zeit verschwinden» (The Fusion, S. 107).

Archaische Sexualkultur

In der Erkenntnis der Bedeutung kultureller Einflüsse auf die Entstehung seelischer Erkrankungen betonte *Sullivan* auch die sexuelle Prüderie unserer Kultur. Fast alle Patienten der Psychotherapie haben auch Schwierigkeiten in der sexuellen Anpassung: dies läßt darauf schließen, daß der soziale Formungsprozeß die Integration der Sexualität in die Persönlichkeit erschwert oder gar verunmöglicht. Der Fehlschlag sexualerzieherischer Bemühungen zeigt sich gewöhnlich schon in der Pubertät mit aller Deutlichkeit. Die Jugendlichen quälen sich mit Masturbationsängsten ab. Sie leiden unter Schuldgefühlen, indem sie annehmen, daß ihr «heimliches Laster» ihre Lebenskräfte, ihre physische und geistige Potenz zerstöre. Sie halten ihre Triebhaftigkeit für eine «Sünde», für ein Vergehen gegen Ethik und Moral. Die ganze morbide Sexualkultur des Abendlandes lastet auf der heranwachsenden Jugend, die notwendigerweise auf Irrwege abgedrängt wird, welche sie in das Labyrinth der sexuellen Anomalie, Perversion, Gemütskrankheiten usw. führen.

Homosexualität ist eines der Resultate der Pubertätskrise, die wir den Jugendlichen aufbürden, indem wir sie mit Maßstäben der «Tugend» erziehen, die anderen Epochen und Lebensanschauungen entstammen. *Sullivan* nennt die Grundhaltung der überlieferten christlichen Moralität eine «primitive Sexualphobie», eine Angst vor allem Sexuellen, die in der Kindererziehung zur Abspaltung sexueller Interessen und Neigungen aus dem Bewußtsein führt. Dies fängt schon in der Kindheit an und setzt sich ins Jugendalter fort. Das Kind wird von der Phobie der Erwachsenen – in unzähligen Gesten, verbalen und nichtverbalen Äußerungen übertragen – infiziert: Ekel, Abscheu, Angst und Scham verbarrikadieren jene vitalen Regungen, deren Einfügung in das Selbst ein Garant der psychischen Gesundheit wäre.

Darum findet man bei neurotischen und psychotischen Jugendlichen so häufig homosexuelle und heterosexuelle Panik als Ausdruck ihrer Furcht, im Sexualbereich einen Wertverlust ihrer Persönlichkeit zu erleiden. Das Auftauchen sexueller Antriebe wird als intensivste Bedrohung empfunden und mobilisiert frühkindliche Abwehrhaltungen, die alle Symptome von der Verwahrlosung bis zur Neurose und Schizophrenie beinhalten können. *Sullivan* plädierte entschieden für eine Psychohygiene der Sexualität, die aus dem in der gegenwärtigen Kultur so häufig destruktiven Trieb ein aufbauendes Element der Persönlichkeit machen könnte:

«Ein großer Schritt in Richtung auf psychische Gesundheit wäre gemacht, wenn man Fehlinformation und phantastisch-dumme Auffassungen – selbst unter Medizinern grassierend – über die Onanie unterdrücken könnte durch weitläufige Förderung gesunder Anschauungen über die biologischen Gesetzmäßigkeiten von Triebäußerungen, den Entwicklungsverlauf sexueller Impulse und die Ursprünge sexueller Irritationen: man könnte durch dies allein schon die Fälle von Jugendirrsinn vermindern. Solange diese Triebe des Menschen religiös-ethisch belastet werden..., werden viele unserer talentiertesten Jugendlichen ihre an sich produktivsten Jahre in Sanatorien verbringen, wo sie ihre Zusammenbrüche austragen müssen. Man könnte Gemütskrankheiten und allgemeines Unglück... unter Kontrolle bringen, wenn man die Irrtümer und institutionalisierten Absurditäten (über die Sexualität) aus der Familienerziehung ausschalten würde. Die Sexualreformbestrebungen müssen die heutige Situation korrigieren, und diese Korrektur soll das Anliegen aller weltoffenen Menschen werden» (Schizophrenia as a Human Process, S. 215).

Psychohygiene für die Welt

Nach dem Abschluß des Krieges war *Sullivan* intensiv damit beschäftigt, am Aufbau der Weltgesundheitsorganisation mitzuwirken. Viele seiner Artikel in der Zeitschrift «*Psychiatry*» befaßten sich mit diesem Themenkreis. Seines Erachtens hatte die psychiatrische Wissenschaft einen großen Beitrag zur geistigen Gesundung der modernen Welt zu leisten. Sie sollte sich nicht darauf beschränken, dem einzelnen Patienten ihre psychotherapeutische Hilfe zuteil werden zu lassen; sie sollte seelische Hygiene lehren für alle, die an der Gestaltung des politischen und sozialen Lebens mitarbeiten. In *Sullivans* Worten sollte der Psychiater nicht nur «private Wunder», sondern auch «öffentliche Sinngebung» zustande bringen. Die Dringlichkeit einer derartigen psychohygienischen Erziehung der Öffentlichkeit war durch den Bombenabwurf von Hiroshima und Nagasaki mit einzigartiger Dringlichkeit gegeben, bei welchem «die Völker der Erde, wo immer Sprache lebendig ist, einen Einblick in die Realität bekamen, mit Entsetzen die Größe und die Winzigkeit des menschlichen Wesens fühlen lernten» («The Cultural Revolution to End War», *Psychiatry,* 1946, 9: 81–87, S. 85).

Sullivan versprach sich sehr viel von der Tätigkeit der Weltgesundheitsorganisation. Es schwebte ihm vor, daß diese internationale Körperschaft nicht nur die körperlichen, sondern auch die seelischen Erkrankungen bekämpfen sollte. Zu diesem Zwecke müßten Psychologen und Psychiater genaue Richtlinien für die geistige Hygiene ausarbeiten. Hierüber schreibt *Sullivan:*

«Es ist klar, daß die Weltgesundheitsorganisation Programme braucht, die die seelische Gesundheit und die soziale Entwicklung der Kinder sichern können.

Es ist klar, daß Psychiater und Psychologen sich dieser Aufgabe annehmen müssen. Wenn sie eine internationale Organisation zustande bringen, die in ihrem Namen spricht, kann die Weltgesundheitsorganisation ihre Empfehlungen nicht übersehen ... Sicher können die sehr vielen Psychiater und Psychologen, die eine große Anzahl von Neurotikern beurteilen konnten, eine Übereinstimmung erreichen in bezug auf die destruktiven und störenden Faktoren in der frühen Entwicklungsgeschichte ihrer Patienten, desgleichen in bezug auf die konstruktiven Bedingungen, die man bei reifen, sozial angepaßten Persönlichkeiten findet... In welchem Alter sollen Kinder vertraut gemacht werden mit verschiedenartigen Dingen, Sexualität, Religion usw.? Sollen sie im allgemeinen ihre Eltern nackt sehen, beide oder nur diejenigen desselben Geschlechtes? Sollen sie nur die Sitten und Gebräuche ihrer direkten Umgebung kennenlernen oder alle Lebensformen, die in der zivilisierten Welt üblich sind? Sollen andere Sitten und Gebräuche als gleichwertig oder minderwertig hingestellt werden? Was sind die emotionellen Bedürfnisse der Kinder in verschiedenen Lebensaltern, und wie können sie befriedigt werden? Welche Verhaltensweisen in der Umgebung der Kinder führen zu Vorurteil, Intoleranz, Haß, Unfähigkeit zum Kompromiß, zum harmonischen Leben mit anderen Leuten? Welche Gesichtspunkte in Eltern und Lehrern fördern die Entwicklung von verantwortungsbewußten, toleranten, reifen Leuten, die fähig sein werden, zukünftige Kriege zu verhindern?» («The World Health Organization», *Psychiatry*, 1947, 10: 99–103, S. 102f.)

Es war *Sullivan* sehr daran gelegen, daß diese Fragen durch die Zusammenarbeit aller beteiligten Disziplinen – Psychiatrie, Psychologie, Soziologie, Anthropologie, Pädagogik, Philosophie usw. – geklärt werden sollten. Vor allem die Verschmelzung von Psychiatrie und Sozialwissenschaften galt ihm als ein Fundament für die psychohygienischen Bestrebungen im weltweiten Maßstabe.

BIBLIOGRAPHIE
VON HARRY STACK SULLIVAN*

1924 "Schizophrenia: Its Conservative and Malignant Features." *Amer. J. Psychiatry,* 4:77–91.

1925 "The Oral Complex." *Psychoanalytic Rev.,* 12:31–38.
"Peculiarity of Thought in Schizophrenia." *Amer. J. Psychiatry,* 5:21–86.

1926 "Erogenous Maturation." *Psychoanalytic Rev.,* 13:1–15.
"Regression: A Consideration of Reversive Mental Processes." *State Hosp. Quart.,* 11:208–217, 387–394, and 651–668.
"The Importance of a Study of Symbols in Psychiatry." *Psyche* (London), 8:81–93.

1927 "Affective Experience in Early Schizophrenia." *Amer. J. Psychiatry,* 6:468–483.
"The Onset of Schizophrenia." *Amer. J. Psychiatry,* 7:105–134.
"Mental Hygiene and the Modern World." *Modern World,* 1:153–157.
"The Common Field of Research and Clinical Psychiatry." *Psychiatric Quart.,* 1:276–291.
Discussion. "The Narrowing of the Gap Between the Functional and the Organic" by William A. White. *Amer. J. Psychiatry,* 7:228–229.

1928 "Affective Experience in Early Schizophrenia." *Proc. Assoc. Research N. and M. Disease,* 5:141–158.
"Tentative Criteria of Malignancy in Schizophrenia." *Amer. J. Psychiatry,* 7:759–787.
Proceedings First Colloquium on Personality Investigation (with the American Psychiatric Association Committee on Relations

* Diese Bibliographie wurde von Frau *Helen Perry,* Herausgeber der Zeitschrift *Psychiatry,* hergestellt, der wir an dieser Stelle für die Überlassung herzlich danken.

with the Social Sciences), Baltimore, The Lord Baltimore Press, 102 pp.
"Medical Education–An Editorial Comment." *Amer. J. Psychiatry,* 7:837–839.
"Psychiatric Research–An Editorial Comment." *Amer. J. Psychiatry,* 7:1075–1077.

1929 "Research in Schizophrenia." *Amer. J. Psychiatry,* 9:553–567.

1930 *Farewell Lectures; Sheppard and Enoch Pratt Hospital.* Privately circulated.
"The Socio-genesis of Homosexual Behavior in Males (Abstract)." *Amer. Sociol. Soc. Papers,* 24:281–282.
Proceedings Second Colloquium on Personality Investigation (with the American Psychiatric Association Committee on Relations of Psychiatry and the Social Sciences and the Social Science Research Council), Baltimore, The Johns Hopkins Press, 206 pp.
"The Relation of Onset to Outcome in Schizophrenia." *Schizophrenia (Dementia Praecox);* Baltimore, Williams and Wilkins, 10:111–118.

1931 "Environmental Factors and Course Under Treatment of Schizophrenia." *Med. J. and Rec.,* 133:19–22.
"Socio-Psychiatric Research: Its Implications for the Schizophrenia Problem and for Mental Hygiene." *Amer. J. Psychiatry,* 10:977–991.
"Training of the General Medical Student in Psychiatry." *Amer. J. Orthopsychiatry,* 10:519–540.
"Personality Differentials as Antecedents and Consequences of Acculturation." *Proceedings Hanover Conference Social Science Research Council.*

1932 *Personal Psychopathology.* Privately circulated.

1933 "Mental Disorders." *Encyclopedia of the Social Sciences,* 10:313–319.
"Psychoanalysis and Psychiatric Education." *Proceedings National Committee Mental Hygiene Conference on Psychiatric Education.*

1934 "Psychiatry." *Encyclopedia of the Social Sciences,* 12:578–580.

1935 "Psychiatric Training as a Prerequiste to Psychoanalytic Practice." *Amer. J. Psychiatry,* 91:1117–1126.
Abstracts of Discussion. *Proceedings National Research Council Conference on Personality and Culture.*

1936 *Proceedings National Research Council Sub-Committee on Training Fellowships.* Privately circulated.

1937 "A Note on the Implications of Psychiatry, the Study of Interpersonal Relations, for Investigations in the Social Sciences." *Amer. J. Sociol.,* 42:846–861.
"William Alanson White–1870–1937." *Amer. J. Psychiatry,* 93:1480–1482.

1938 "Psychiatry: Introduction to the Study of Interpersonal Relations, I." *Psychiatry,* 1:121–134.
"The William Alanson White Psychiatric Foundation–an Editorial." *Psychiatry,* 1:135–140.
"The Washington School of Psychiatry–an Editorial." *Psychiatry,* 1:140–141.
"This Journal–an Editorial." *Psychiatry,* 1:141–143.
"Security of the American Commonwealths–an Editorial." *Psychiatry,* 1:419–420.
"Antisemitism–an Editorial." *Psychiatry,* 1:593–598.

1939 "Intuition, Reason and Faith–an Editorial." *Psychiatry,* 2:129–132.
"Psychiatry and the National Defense–an Editorial." *Psychiatry,* 2:133–135.
"Psychiatry and the National Defense." *U.S. Naval Med. Bull.,* 37:273–276.
"A Note on Formulating the Relationship of the Individual and the Group." *Amer. J. Sociol.,* 44:932–937.
"Edward Sapir, Ph. D., Sc. D., 1884–1939." *Psychiatry,* 2:159.
"The Support of Psychiatric Research and Teaching–an Editorial." *Psychiatry,* 2:273–279.
"Summary and Critique–A Formal Discussion of Physical and Cultural Environment in Relation to the Conservation of Mental Health." *Mental Health* (eds. Forest Ray Moulton and Paul O. Komoral); Lancaster, Pa., The Science Press, 1939 (470pp.) in particular, pp. 276–278 of Chapter 5.

"Responsibility–an Editorial" (with Ernest E. Hadley and Thomas Harvey Gill). *Psychiatry,* 2:599–602.

1940 "Conceptions of Modern Psychiatry." The First William Alanson White Memorial Lectures. *Psychiatry,* 3:1–117.
"Memorandum on a Psychiatric Reconnaissance, and A Psychiatric Gloss on a Sociological Study." In *Studies of Negro Youth:* Amer. Council on Education, Youth Commission.
"National Solidarity: Bulletin from the William Alanson White Psychiatric Foundation to Psychiatrists and Other Physicians." *Psychiatry,* 3:326–327.
"The Eagle, the Lion, and the Giant Squid–an Editorial." *Psychiatry,* 3:437–441.
"Memorandum on the Utilization of Psychiatry in the Promotion of National Security" (from the William Alanson White Psychiatric Foundation). *Psychiatry,* 3:483–492.
"Psychiatry and the National Defense" (with a committee of the Southern Psychiatric Association). *Psychiatry,* 3:619–624.
"A Minimum Psychiatric Inspection of Registrants: William Alanson White Psychiatric Foundation Bulletin" (largely incorporated in U.S. Selective Service System Medical Bulletin Number One). *Psychiatry,* 3:625–627.
"Propaganda and Censorship: William Alanson White Psychiatric Foundation Memorandum." *Psychiatry,* 3:628–632.

1941 "Selective Service System Psychiatry–an Editorial." *Psychiatry,* 4:118–120.
"Psychiatry and the National Defense." *Psychiatry,* 4:201–217.
"A Seminar on Practical Psychiatric Diagnosis (for Selective Service System Psychiatrists)." *Psychiatry,* 4:265–283.
"Selective Service Psychiatry" (an extract from the President's annual report to the Board of Trustees of the William Alanson White Psychiatric Foundation). *Psychiatry,* 4:440–464.
"Psychiatry in the Emergency." *Mental Hygiene,* 25:5–10.
"Psychiatric Aspects of Morale." *Amer. J. Sociol.,* 47:277–301.
"Mental Hygiene and National Defense." In *Mental Health Bulletin of Illinois Society for Mental Hygiene,* March 1, 1941.

1942 "Completing Our Mobilization–an Editorial." *Psychiatry,* 5:263–282.
"Psychiatry, the Army, and the War" (an extract from the President's annual report to the Board of Trustees of the

William Alanson White Psychiatric Foundation). *Psychiatry*, 5:435–442.
"A Year of Selective-Service Psychiatry." *Mental Hygiene*, 26:7–15.
"Whither? and How?–an Editorial." *Psychiatry*, 5:93–99.

1943 "How Sweet *Are* the Uses of Adversity–an Editorial." *Psychiatry*, 6:217–240.

1944 "Psychiatric State of the Nation" (an editorial including a memorandum by M.F. Ashley Montagu on *The Races of Mankind*). *Psychiatry*, 7:183–189.
"Can There be Peace?–an Editorial." *Psychiatry*, 7:425–426.

1945 "The Soldier's Return–an Editorial." *Psychiatry*, 8:111–112.
"For a National Mental Health Council–an Editorial." *Psychiatry*, 8:235–243.

1946 "The Cultural Revolution to End War–an Editorial on the Second William Alanson White Memorial Lectures by Major-General G.B. Chisholm." *Psychiatry*, 9:81–87. Published also in *The Psychiatry of Enduring Peace and Social Progress: The William Alanson White Memorial Lectures* by G.B. Chisholm, with a foreword by Abe Fortas and discussion by Henry A. Wallace, Watson B. Miller, Samuel W. Hamilton, and Ross McC. Chapman. Washington, William Alanson White Psychiatric Foundation.

1947 "Foreword" to the second printing of *Conceptions of Modern Psychiatry* (including a criticism of the theory by Patrick Mullahy). Washington, William Alanson White Psychiatric Foundation.
"Therapeutic Investigations in Schizophrenia." *Psychiatry*, 10:121.
"Notes on Investigation, Therapy, and Education in Psychiatry and Their Relations to Schizophrenia." *Psychiatry*, 10:271–280.
"Remobilization for Enduring Peace and Social Progress." *Psychiatry*, 10:239–252.
"The Study of Psychiatry. Three Orienting Lectures." *Psychiatry*, 10:355–371.

"Ten Years of Psychiatry, a Statement by the Editor." *Psychiatry,* 10:433–435.

1948 "The Meaning of Anxiety in Psychiatry and in Life." William Alanson White Memorial Award. *Psychiatry,* 11:1–13.
"Towards a Psychiatry of Peoples." *Psychiatry,* 11:105–116.
"Two International Conferences of Psychiatrists and Social Scientists." *Psychiatry,* 11:223–229.
"Psychiatry, Education, and the UNESCO 'Tensions Project'." *Psychiatry,* 11:371–375.
"The School and International Prospects–Address given at 1948 Convocation of Washington School of Psychiatry." *Psychiatry,* 11:xvii–xx.

1949 "Multidisciplined Coordination of Interpersonal Data" in *Culture and Personality,* edited by S. Stansfeld Sargent and Marian W. Smith, Viking Fund, 1949.

1950 "Tensions Interpersonal and International: A Psychiatrist's View" in *Tensions That Cause Wars,* edited by Hadley Cantril, University of Illinois Press, Urbana, Ill., 1950.

1951 "Psychiatric Aspects of Morale" in *Personality and Political Crisis,* edited by Alfred H. Stanton and Stewart E. Perry, The Free Press, Glencoe, Ill., 1951. Reprinted from *American Journal of Sociology,* 1941, but contains additional material.

Postum herausgegebenes Material:

1949 "The Theory of Anxiety and the Nature of Psychotherapy." *Psychiatry,* 12:3–12.
"The Study of Psychiatry: 1948 Orienting Lectures." *Psychiatry,* 12:325–337.

1950 "The Illusion of Personal Individuality." *Psychiatry,* 13:317–332.

1951 "The Psychiatric Interview." *Psychiatry,* 14:361–373.

1954 "The Psychiatric Interview." *W. W. Norton & Co., New York.*

1956 "Clinical Studies in Psychiatry." *W. W. Norton & Co., New York.*

1962 "Schizophrenia as a Human Process." *W. W. Norton & Co., New York.*

1964 "The Fusion of Psychiatry and Social Science." *W. W. Norton & Co., New York.*